Karin Brandl

Räucherduft und Feuerzauber

Kleine Räucherkunde edler Harze,
Kräuter und Gewürze

ALCHIMA

2. Auflage 1999

Pfladergasse 2, Augsburg

Gestaltung, Satz, Illustrationen: Alchima - Karin Brandl
Druck und Bindung: Maro-Druck, Augsburg

ISBN 3-932669-02-9

Karin Brandl

Räucherduft und Feuerzauber

Kleine Räucherkunde edler Harze,
Kräuter und Gewürze

Illustrationen von Karin Brandl

ALCHIMA

Karin Brandl
Jahrgang 1960, Ausbildung als Dipl. Designerin, arbeitet als Autorin, Künstlerin, Astrologin, gibt Seminare und Workshops, unter anderem auch zum Thema dieses Buches.

Weitere Buchveröffentlichungen:

- *Magie - Die Kreativität des inneren Kindes; Knaur-Verlag 1996*
- *Ich kann doch ohne dich nicht leben - Die Macht energetischer Verbindungen und ihre Auflösung; Verlag Hermann Bauer, 1997*
- *Tarot - Das eigene innere Wissen wahrnehmen; Alchima-Verlag 1997*
- *Durch Auraschutz die innere Kraft bewahren - Wirksame Methoden zum Schutz des eigenen Energiefeldes; Alchima-Verlag 1997*

Alle in diesem Buch vorgeschlagenen Rohstoffe, Rezepte und Räuchermethoden sind von der Autorin sorgfältig erprobt und nach bestem Wissen und Gewissen zusammengestellt. Da Menschen aber unterschiedlich reagieren, kann von Autorin oder Verlag keine Garantie für die Wirksamkeit oder Unbedenklichkeit der vorgestellten Stoffe und Methoden übernommen werden. Die Namen der vorgestellten Räuchermischungen sind urheberrechtlich geschützt und dürfen nicht kommerziell verwertet werden.

Inhaltsverzeichnis

Mein kindlicher Feuerzauber

Feuer übt seit jeher eine große Faszination auf die Menschheit aus. Für die Menschen der Urzeit bedeutete es Wärme, Licht, Schutz - Leben. Wo es Feuer gab, da war auch die Macht, der Witterung zu trotzen. Feuer hielt wilde Tiere fern und wandelte die rohe Nahrung um in bekömmliche Speise.

Die Urkraft des Feuers fasziniert uns auch heute noch, zum Beispiel dann, wenn wir an einem prasselnden Lagerfeuer oder vor einem offenen Kamin sitzen.

Nun, der Räuchertopf mit der glühenden Kohle ist für mich so etwas Ähnliches wie ein Mini-Lagerfeuer und immer wenn ich davorsitze und räuchere, meldet sich das magische innere Kind in mir und erinnert mich daran, wie ich einst in kindlichem Spiel „das Feuer fütterte".

Ich wuchs in meinen ersten Lebensjahren in Begleitung dreier gußeiserner Holz/Kohle-Öfen auf, die jeden Morgen angeschürt werden mußten. Heute sind diese Ungetüme selten geworden. Wir drehen lieber am Thermostatregler und entfachen damit automatisch ein unsichtbares gezähmtes Feuer, das diskret in einem Nebenraum abseits der guten Stube stundenlang vor sich hin brennt.

Ganz anders der Ofen, der zuerst einmal richtig entfacht und dann durch regelmäßiges Nachlegen von Brennmaterial bei Laune gehalten werden mußte, damit es im Zimmer warm blieb. „Paß auf, daß das Feuer nicht ausgeht," hieß es, wenn meine Mutter zum Einkaufen ging. Und wie gern ich das tat!

Wenn Die Flammen im Ofen verschwunden waren und die Kohlen und Briketts rotglühend am Grund lagen, dann öffnete ich die Tür und blickte hinein. Ein heißer Wind schlug mir entgegen. „So, mein Feuer, hast du Hunger?" Und ich warf ein Stück Zeitung oder ein Hölzchen hinein, ergötzte mich an den züngelnden Flammen und an dem Anblick der wilden Tänze, die die hineingeworfenen Gegenstände auf dem heißen Grund vollführten.

Manchmal war ich kühn und nahm ein besonders großes Stück Papier, so daß die Flammen aus dem Ofenloch herauszüngelten. Besonders gut gefielen mir aber die knisternden Tannenzapfen und die prasselnden, duftenden Zweige des ausrangierten Weihnachtsbaumes. Und wie der Ofen dann bullerte ...!

Heute finden wir in den Wohnungen meist Zentralheizungen und selbst der Herd ist oft keine Feuerstelle mehr. Kerzen bilden häufig die einzige Berührung mit offenem Feuer im städtischen Alltag.

Nichts gegen das milde Licht der Kerzenflamme, aber was ist das schon gegen die Macht glühender Kohlen, die gefüttert werden wollen? Welch eine bizarre Vorstellung geben die getrockneten Kräuter und Pflanzenstengel, wenn sie sich auf dem feurigen Grund tollkühn winden und verbiegen, dann leise ächzend und knisternd ihren geheimnisvollen Duft in dünnen Fäden zum Himmel senden, bevor sie schwarz verkohlt zu Asche zerfallen. Ich will dieses faszinierende und entspannende Spiel nicht missen.

Der Pflanzenrauch ist für mich Kraftbringer, Tröster, Beschützer und atmosphärischer Reiniger und das Räuchern eine besondere Form der Meditation, ein entspannendes Ritual, das aus dem Alltagstrott hinauszuführen vermag.

Und es bringt uns in Berührung mit dem Urelement Feuer und seiner transformierenden Kraft. Das Verbrennen bedingt die Freisetzung der gebundenen Kräfte. Besitzt eine Pflanze oder ein Räucherstoff Heilkräfte, so werden diese beim Räuchern freigesetzt. Manche Harze und Hölzer duften im Normalzustand kaum. Erst die glühende Kohle befreit die Aromen und läßt uns den innewohnenden Geist wahrnehmen.

Gerüche erwecken starke Assoziationen aus dem Unterbewußtsein und an Gerüche erinnert sich unser Gedächtnis am besten. Duftkompositionen von Räuchermischungen können uns in prächtige Traumgärten entführen und die Phantasie beflügeln, aber auch beruhigen, entspannen, den Schlaf fördern.

Hier tut sich ein weites Feld zum Ausprobieren und Experimentieren auf und mein Büchlein will dazu eine Anregung sein. Es basiert auf meiner mehrjährigen eigenen Räucherpraxis. Alle im Buch vorgestellten Stoffe habe ich selbst erprobt und zu den im Rezeptteil beschriebenen Mischungen verarbeitet. Nun wünsche ich Ihnen viel Freude beim Räuchern!

Karin Brandl — im Februar 1998

Die Rohstoffe

In diesem Kapitel erfahren Sie Wissenswertes über die Räucher-Rohstoffe, ihre Verwendung und Wirksamkeit. Räucherungen wurden schon in alter Zeit als Heilmittel angewendet und so gibt es unter den Räucherstoffen viele Heilpflanzen, die auch in anderer Weise medizinische Verwendung finden.

Was eignet sich zum Räuchern und wo ist es erhältlich?

Zum Räuchern verwenden wir Kräuter, Harze und Gewürze. Auch duftende, harzreiche Hölzer sind geeignet. Sie finden in diesem Buch eine Auswahl verwendbarer Stoffe, die in der Regel auch leicht zu beschaffen sind. Vielleicht besitzen Sie aber auch duftende Pflanzen im Garten, die sich als Räuchermittel eignen, und Sie wissen noch gar nichts davon?

Im Garten einer Freundin wächst eine attraktive Zierpflanze namens Blauraute oder Silberbusch, die sich bei näherem Beschnuppern in getrocknetem Zustand als aromatisches Räucherkraut entpuppte. Sammeln Sie kleine Zweige von duftenden Pflanzen, trocknen Sie diese und experimentieren Sie selbst. Auch Rindenstücke oder Holzspäne entwickeln einen aromatischen Duft.

Nadelbaumharze, wie Kiefern-, Tannen- oder Fichtenharz können Sie beim Waldspaziergang besorgen. Kratzen Sie das heraustretende, klebrige Harz vorsichtig vom Baum ab und verpacken Sie es zum Transport in Plastik, Alufolie oder ein kleines Gläschen. Lassen Sie es vor dem Räuchern gut durchtrocknen und wenden Sie es sparsam an. Doch dazu später mehr.

Viele der in diesem Buch beschriebenen Räuchermittel sind Kräuter und Gewürze, die ohnehin in jedem Haushalt zu finden oder problemlos im Kräuterhandel oder im Naturkostladen erhältlich sind.

Die exotischen Räucherharze hingegen erfreuen sich momentan einer zunehmenden Verbreitung, auch in „artfremden" Geschäften. Hier lohnt es sich, die Augen offenzuhalten. Ich fand beispielsweise Räucherharze einer Spezialfirma auch schon in einer Krimskrams-Boutique.

Esoterikläden und spezielle Versandgeschäfte führen ebenfalls Rohstoffe zum Räuchern. Weihrauch und Myrrhe, sowie die Räucherkohle erhalten Sie sowohl dort, wie auch in Devotionalienhandlungen oder mitunter sogar im Naturkostladen.

Heilpflanzen wie beispielsweise Kalmus, Aloepulver oder Teedrogen für Kräutertee gibt es in der Apotheke oder Drogerie. Die exotischen Gewürze wie Sternanis, Galgant, Teufelsdreck, Ingwer oder Zitronengras kaufen Sie am besten in asiatischen Lebensmittelläden. Propolis und Gummi arabicum bekommen Sie unter anderem im Rohstoffhandel für Hobbykosmetik zum Selbermachen.

In der Adventszeit werden auf den Viktualienmärkten und in Blumengeschäften Zweige von Wacholder und Zypresse angeboten. Gut durchgetrocknet sind sie wunderbar-würziges Räucherwerk fürs ganze Jahr. Achten Sie auch in Blumensträußen auf das grüne Beiwerk. Manchmal wird dazu Eucalyptus verwendet, dessen Blätter in trockenem Zustand ebenfalls verräuchert werden können.

Dabei ist es gar nicht notwendig, daß Sie sich zu Anfang alle Stoffe auf einmal besorgen. Ich bin sicher, daß Sie auch auf Ihrem Gewürzbord etliche der im folgenden vorgestellten Räucherpflanzen bereits vorfinden. Weitere Räucherzutaten sind beispielsweise auch kleine Stückchen von ungespritzten Zitrusschalen (Orange, Mandarine) oder Trockenfrüchten (Rosinen, Pflaumen ungeschwefelt), Honig und vieles mehr, was würzt und duftet.

Die verwendeten Kräuter, Gewürze, Harze und Hölzer

In diesem Abschnitt stelle ich Ihnen meine Sammlung an Räucherrohstoffen vor. Die Angaben beziehen sich auf den Namen, die verwendeten Pflanzenteile, ihre Duftnote und Wirkung, sowie darauf, ob der Stoff allein oder in Mischungen angewendet wird.

Zum Zerkleinern der Rohstoffe benötigen Sie oftmals einen Mörser, aber auch Omas alte Kaffeemühle (möglichst mit verstellbarem Mahlwerk) kann als Gewürzmühle für Räucherpulver dienen. Für Tonkabohnen und Muskatnüsse benötigen Sie eine kleine Reibe.

Kräuter und Gewürze

Wacholder (Beeren) *Juniperus communis*: intensiver, herbwürziger Duft; alte magische Pflanze; stärkt, reinigt, vertreibt schlechte Schwingungen und schützt. Die Wacholderbeeren sind Lichtträger, die in keiner Reinigungsräucherung fehlen sollten. Die Beeren zum Räuchern kleinhacken oder im Mörser fest ausstampfen. Auch für Geld- und Erfolgsmagie. Am besten in Mischungen verwenden.

Rosmarin (Blätter, Stengel) *Rosmarinus off.*: fein-würziger, anhaltender Duft; vertreibt Negativität, stärkt den Willen, erfrischt das Gemüt und gibt Kraft. Auch Rosmarin ist eine alte Schutzpflanze, die vor bösen Geistern und Dämonen schützen soll. Zur Alleinräucherung oder in Mischungen geeignet. Getrocknete Blättchen und Holz zerkleinert anwenden.

Salbei (Kraut) *Salvia off.*: wunderbarer, würziger, besonders aromatischer krautig-herber Duft; ein machtvolles Heilkraut, das böse Geister vertreibt, negative Beeinflussungen abwehrt und intensiv reinigt. Salbei zählt auch zu den Traumkräutern, die die Hellsicht fördern. Ganze Blättchen oder kleingezupfte Stücke räuchern. Sehr gut zur Alleinräucherung, aber auch in Mischungen geeignet.

Lavendel (Blüten, Kraut) *Lavendula off.*: feiner blumiger Duft, beim Kraut länger anhaltend, als bei den Blüten; reinigt, erfrischt und ordnet, wirkt gegen negatives Denken und zur seelischen Reinigung. Lavendel und Salbeikraut ist eine lichte und klärende Kombination. Lavendelblüten besser in Mischungen, Kraut auch als Alleinräucherung geeignet. Blättchen kleinzupfen, Blüten ganz lassen und beimischen.

Patchouli (Kraut) *Pogostemon cablin*: erdig, sinnlich, sehr würzig, an diesem Duft scheiden sich die Geister, denn manche Menschen lieben ihn ganz und gar nicht; kräftigt und regt an, sinnlich-erotische Wirkung, schützt aber auch und verankert uns fest im Körper. Zur Abrundung vieler krautiger Mischungen.

Ysop (Kraut) *Hyssopus off.*: würziger, kräuteriger und erwärmender Duft; wärmt die Seele und tröstet, klärt und segnet, stärkt die geistige Konzentration. Ein feines Kraut, das gut zu Mastix und Myrte paßt. Die kleinen Blättchen ganz lassen.

Beifuß (Kraut) *Artemisia vulgaris*: duftet krautig und warm; bewirkt starke Reinigung, bringt Energie in Fluß, wehrt negative Kräfte ab. Die Moxastäbchen, die für die sog. Moxibustion (eine Art Akupunktur mit glimmenden Räucherstäbchen, die nahe an die Haut gehalten werden) benutzt werden, sind aus Beifuß. Sie dienen der Anregung der Meridianenergie im Körper. Kleingezupfte Beifußblätter und Stengel am besten in Mischungen mit anderen Kräutern zusammen verwenden.

Thymian (Kraut) *Thymus vulgaris*: krautig-würziger, intensiv aromatischer Duft; stärkt bei seelischer Schwäche, verhilft zur Durchsetzungskraft und vertreibt negatives Denken, desinfiziert und reinigt. Thymian wird in kräftigen Mischungen verwendet und paßt gut zu Weihrauch und Mastix. Das Kraut kann als Ganzes geräuchert werden.

Minze (Kraut) *Mentha piperita*: würzig frische Pfefferminze, klärt und reinigt, erhöht die Konzentration bei geistiger Arbeit und erfrischt. Für Mischungen kleinzupfen.

Johanniskraut (Kraut) *Hypericum perforatum*: würziger, aromatischer Duft; hellt die Stimmung auf, vertreibt Depression, wirkt ausgleichend (auch als Tee); das Kraut ist ein Sonnenträger, daher Bestandteil meiner Sonnwendmischung.

Muskat (Nuß) *Myristica fragrans*: warm und würzig; sehr starker Heiler, anregend, anfeuernd, mobilisiert Kräfte, besitzt auch eine starke Schutzwirkung, kann im Übermaß rauschhaft wirken, deshalb nur wenig nehmen. Am besten in Mischungen. Auf der Muskatreibe eine Prise fein reiben und beimengen.

Macis (Muskatblüte) *Myristica fragrans*: Wirkung ähnlich wie Muskat, aber milder. Ich verwende sie gern mit Kardamom und Myrrhe. Die orangegelben Stücke klein zerbrechen.

Kardamom (Früchte) *Elettaria cardamomum*: intensiver, süßer Duft; Lebkuchengewürz; im Libanon wird der Kaffee mit etwas Kardamom verfeinert, aber auch im Schwarztee schmecken 2 - 3 zerstoßene Kapseln gut; wärmt, belebt, macht zuversichtlich, vertreibt Angst. Verwenden Sie zum Räuchern überwiegend die dunklen Samen im Inneren der Kapseln als Pulver zerrieben. Am besten in Mischungen.

Ingwer (Wurzel) *Zingiber off.*: scharfer, pfefferartiger Duft; in der Chin. Heilkunde ein Stärkungs- und Magenmittel; Ingwer überwindet starke Blockaden, regt die Energien an, bringt in Fluß, intensiv lösend. Am besten in Mischungen als Pulver.

Galgant (Wurzel) *Alpinia officinarum*: ähnlich wie Ingwer, aber weniger scharf, fruchtiges Aroma; löst ebenfalls Blockierungen in der Seele, aber nicht ganz so stark wie Ingwer, unterstützt psychische Prozesse und Entwicklungen. Am besten pulverisiert in Mischungen.

Nelken (Gewürznelke, Blüte) *Syzigium aromaticum*: süßer, warmer und intensiver Duft; Lebkuchengewürz; früher kaute man Nelken bei Zahnschmerz; hilft Loslassen und öffnet für Neues; Nelke erdet, fügt ein in den kosmischen Kreislauf von Werden und Vergehen und hilft bei allen Übergängen im Leben, Seelentröster. Am besten in Mischungen als Pulver oder gestampft.

Koriander (Früchte) *Coriandrum sativum*: kleine hellbraune Kugeln, die beim Verreiben im Mörser bereits intensiv duften; Brotgewürz; löst Verdrängtes aus dem Unbewußten und holt es ans Licht, fördert psychische Reife, gleicht ein gestörtes Miteinander aus, wehrt Unheil ab. Koriander im Mörser zu Pulver reiben. Am besten in Mischungen, z.B. mit Harzen wie Mastix oder Weihrauch.

Anis (Früchte) *Pimpinella anisum*: süß duftend, würzig, ein Gewürz der Weihnachtsbäckerei; in der Heilkunde als Magenmittel und bei Hals- und Bronchialbeschwerden; der Duft löst

Ängste auf, tröstet und schützt. Am besten in Mischungen. Früchte im Mörser ausstampfen.

Fenchel (Früchte) *Foeniculum vulgare*: herb-süß und würzig, erinnert an Hustenbonbons; in der Heilkunde auch als Brusttee; Fenchel stabilisiert die feinstofflichen Körper und schützt. Im Mörser zerkleinern. Am besten in Mischungen anwenden.

Myrte (Beere, Blatt) *Myrtus communis*: frisch und fruchtig im Duft; klärt innere Zweifel und kühlt zu hohen Emotionspegel. Myrte paßt gut zu Mastixharz. Blättchen zerzupfen, Beeren fest im Mörser stampfen.

Rose (Blütenblätter) *Rosa damascena*: Duftrosen verströmen einen zarten, erhebenden Duft, der Liebe und Zuneigung fördert; Rose hilft beim Loslassen von Schmerz, öffnet das Herzchakra. Da der Duft sehr schnell verraucht, aromatisiere ich die Rosenblätter mit einer Spur ätherischem Rosenöl. Kleingezupft als Beigabe zu Mischungen.

Tonka (Bohne) *Dipteryx odorata*: süß, sanft, ein Duft von Vanille und Marzipan; gefühlvoll, wärmt und öffnet, Liebesduft. Am besten in Mischungen mit anderen süßen Düften. Auf der Muskatreibe fein reiben.

Senf (Samen) *Brassica nigra*: scharf und herb; es gibt gelbe oder schwarze Senfsamen, die sich auch zur Keimsprossenzucht eignen; zur „scharfen" Reinigung bei starken Negativenergien, brennt sie aus, sparsam anwenden. Am besten in Mischungen, pulverisiert oder zerstoßen im Mörser.

Teufelsdreck (Wurzelpulver) *Ferula asafoetida*: knoblauchartig-scharfes Aroma; als Gewürz eine Messerspitze in pikanten

Eintöpfen; beim Räuchern für Exorzismen und starke Austreibung. Sparsam in Reinigungsmischungen beifügen.

Sternanis (Blüte) *Illicium anisatum*: süßer, warmer Anisduft, sehr intensiv; trost-spendend und sinnlich. Sternanis kann gut als Räucher-Pulver vermahlen werden. Sie können die ganzen Sterne und Stiele auch klein zerbröckelt verräuchern. Als Alleinräucherung oder in Mischungen.

Piment (Früchte) *Pimenta off.*: auch Nelkenpfeffer genannt; süß und feurig, der Duft ist eine Mischung aus Gewürznelke und Pfeffer; guter Kraftspender. Piment ist auch ein Weihnachtsgewürz. Verwenden Sie die braunen Kugeln am besten in Mischungen, gestoßen im Mörser oder als Pulver.

Pfeffer (Frucht) *Piper nigrum*: scharf und heiß, herbwürziger Duft; feuert an, gibt Kraft, regt den Energiefluß an. Am besten in Mischungen. Pulverisiert oder gestoßen im Mörser.

Kalmus (Wurzel) *Acorus calamus*: würzig und süß, bereits beim Kleinhacken oder Pulverisieren ein Dufterlebnis! Kalmus ist heilkundlich ein Magenmittel und daher im Magenbitter oder in Klosterlikören enthalten; als Räucherung bei Schwäche, bringt neue Energie und stärkt die Lebenskraft. Am besten in Mischungen, vor allem mit Zimt und Nelken, paßt aber auch gut zu Zeder und Weihrauch.

Mistel (Kraut) *Viscum album*: warmer, herb-holziger Duft; alte magische Kraftpflanze, schützt und stärkt, bannt negative Kräfte, der „goldene Zweig" ist ein starkes Licht- und Erlösungssymbol und daher eine Besonderheit, die speziellen Räucherungen vorbehalten sein sollte. Wichtiger Inhaltsstoff meiner Sonnwendmischung, auch für Ahnengedenken; in Mischungen.

Zitronengras (Stiele) *Cymbopogon nardus*: frisch, fruchtig, zitroniger Duft; hellt trübe Stimmung auf, erfrischt und belebt. Als Alleinräucherung oder in Mischungen. Kleinschneiden oder falls Sie feste, harte Stengel vom unteren Teil des Grases haben, in der Handmühle zu Pulver vermahlen. Harmoniert gut mit Mastix oder Copal. Zwei Eßlöffel Zitronengras und ein bis zwei Beutel Hagebuttentee auf 1/2 l heißes Wasser (10 Min. ziehen) ergeben übrigens auch noch ein erfrischendes Getränk.

Safran (Blütenstaubfäden) *Crocus sativus*: ein süßer, sonnenheller Frühlingsduft, bei uns leider sehr teuer, aber ein paar Fäden oder eine Messerspitze Pulver lohnt sich für besondere Räucherungen; wirkt erhebend und öffnend, für Liebesräucherungen zusammen mit süßen Stoffen wie Nelke, Zimt, Benzoe.

Vanille (Schote) *Vanilla planifolia*: ein Duft, den wir alle kennen; süß, trostspendend, einhüllend. Eine Messerspitze Pulver oder etwas kleingehackte Schote für süße Mischungen. Auch als Alleinräucherung geeignet. Ganz klein schneiden, denn die Schoten blähen sich auf der Glut auf doppelte Größe auf.

Aloe (ockergelbes Pulver aus dem Saft) *Aloe barbadensis*: fruchtiger, beerenartiger Duft, schwer und warm; entspannt, beruhigt und löst; heilkundlich als Abführmittel verwendet. Rundet viele Mischungen ab und verleiht ihnen eine fruchtige Note.

Zimtblüte (Blüten des Zimtbaumes) *Cinnamomum ceylanici*: Würziger, leicht herber, pfefferig-warmer Duft, mit der Süße der Zimtrinde nicht zu vergleichen; auch Zimtnelke genannt; wärmt und stärkt, weckt das innere Feuer. Im Mörser zerstoßen oder pulverisiert anwenden. Als Alleinräucherung oder in Mischungen, z.B. mit Guggul oder Myrrhe.

Lorbeer (Blätter) *Laurus nobilis*: strenger, grün-würziger typischer Duft; würdevoll und warm, klärt, belebt, weckt Träume und Hellsicht. Lorbeer soll von den delphischen Seherinnen als Tranceräucherung verwendet worden sein. In Mischungen anwenden. Paßt gut zu Mastix und Weihrauch.

Abelmoschuskörner (Samen) *Hibiscus abelmoschus*: intensiver, schwerer und warm-würziger Duft; aphrodisisch, hilft bei Schwächezuständen, emotional anregend, sinnlich. Als Beigabe in Mischungen. Im Mörser zerstoßen oder fein pulverisieren.

Nagarmotha (Wurzel) *Cyperua scariosus*: schwärzlich-braune, getrocknete Wurzelstücke des indischen Nußgrases, duftet erdig und warm, leicht pfefferig und trocken; zum Räuchern sehr klein schneiden oder mahlen. Nagarmotha ist in tibetischen Räucherstäbchen enthalten. Der Duft erdet und schützt. Er harmoniert gut mit Tonka.

Narde (Wurzel) *Nardostachys jatamansi*: haarige, braune Wurzelstücke, ein sehr altes und faszinierendes Räuchermittel; duftet leicht baldrianartig, süßlich und warm; erdet und beruhigt. Kleingeschnitten als Alleinräucherung und in Mischungen geeignet. Narde harmoniert gut mit süßen Düften wie Zimt und Tonka, ist aber auch sehr schön zu Weihrauch und Myrrhe.

Die Harze werden in der Regel zum Räuchern im Mörser zerstoßen oder zu Pulver zerrieben. Reine Harzräucherungen nur messerspitzenweise anwenden. Harze bewirken eine Fixierung des Duftes und sorgen bei Räuchermischungen für eine längere Brenndauer, manchmal auch (bei frischen Harzen aus dem Wald) für stärkere Rauchentwicklung.

Naturbelassene Harze (z.B. Weihrauch, Mastix) kommen so auf den Markt, wie sie vom Baum gesammelt werden. Dazu wird die Rinde angeritzt, das gummiartige Harz tritt aus und wird dann abgeschabt und getrocknet. Oft sind dies auch größere, grobe Stücke, denen mitunter sogar noch kleine Rindenstreifen anhaften (z.B. manchmal bei Pinienharz).

Es gibt aber auch gereinigte Harze, wo das gesammelte Material durch Alkoholextraktion oder mit Hilfe anderer Lösungsmittel von Zusatzstoffen befreit wird. Zurück bleibt das reine Harz von fester, spröder Konsistenz (z.B. Benzoe).

Weihrauch *Boswellia carteri, Boswellia sacra*: das klassische Räucherharz; schwerer, balsamischer, leicht herber Duft; Brücke zur spirituellen Welt, fördert Tiefe und Erkenntnis, reinigt, heil(ig)t, zieht gute Kräfte an, für Meditation, Rituale, Segnungen. Als Alleinräucherung oder in Mischungen. Die gelblichen Harzkörnchen (auch Olibanum genannt) duften fein und frisch. Minderwertiges Weihrauch-Harz riecht muffig und bitter. Beste Qualität ist der Aden-Weihrauch.

Myrrhe *Commiphora myrrha*: dunkelbraunes Harz, sehr strenger, herb-erdiger Duft, Geschmack bitter und zusammenziehend;

öffnet das Tor zum Geistigen, feierliche heilige Stimmung, für Meditation, Rituale, Erdung. Myrrhe harmonisiert das Körperliche und Geistige. Als Alleinräucherung sehr schwer, besser in Mischungen, z.B. mit Weihrauch und Kardamom.

Copal *Protium copal*: unter dem Namen Copal werden Harze von verschiedenen Bäumen aus Südamerika, aber auch Indien und Afrika verkauft. Es gibt ein versteinertes Harz, das ebenfalls unter diesem Namen als Bernsteinsorte angeboten wird. Copal war ursprünglich das heilige Räucherharz der Mayas. Es entwickelt einen feinen waldigen Duft, erfrischend und licht; gut für spirituelle Arbeit, klärt den Geist und öffnet die feinstofflichen Kanäle, auch als Weissagungsräucherung. Als Alleinräucherung geeignet, besser aber in Mischungen mit frischen und grünen Düften wie Zypresse, Fichtennadeln, Kiefer.

Styrax *Liquidamber orientalis*: schwer und süß, harzig-blumiger, vanilliger Duft, sparsam nehmen! Bannt negative Energie, entspannt und ist schlaffördernd. Tiefschwarzes, bröseliges Pulver, am besten in Mischungen anwenden.

Benzoe Siam *Styrax tonkinensis*: balsamisch, vanilleartig, sehr süß und schwer; hüllt ein und schützt, Balsam für die wunde Seele, vermittelt Geborgenheit. Die feinere und teurere Variante der Benzoe. Nur in Mischungen sparsam als Beigabe. Harmoniert gut mit Sandelholz und Zimt.

Benzoe Sumatra *Styrax benzoides craib*: erhebend, intensiv und anregend, lichtvoll, feinwürzig; öffnet sanft die spirituellen Kanäle, segnet und klärt. Für viele Mischungen geeignet.

Mastix *Pistacia lentiscus L.*: hellgelb-durchsichtige Körnchen, frisch und klar, zitronig im Duft; gleicht Emotionen aus, hebt die Stimmung und öffnet für Erkenntnis und Hellsicht. Als Alleinräucherung oder in Mischungen.

Propolis: Kittharz der Bienen, süßer Duft von Honig und Bienenwachs; wärmt, schützt und tröstet. Meist als gelbliches Pulver erhältlich. Ein vielseitiger Bestandteil für Mischungen. Harmoniert gut mit Kräutern wie Johanniskraut oder Thymian.

Bernstein *Succinum*: fossiles Harz von Bäumen aus dem Tertiär, also zwischen 50 und 15 Millionen Jahre alt; duftet fein harzig und würzig, wurde früher bei Atemwegsbeschwerden verräuchert; kann tiefste, uralte Schichten der Seele lösen und freisetzen (Karmabearbeitung), Wunscherfüller, stärkt Kreativität und Glauben an sich selbst. Ich behandle den Bernstein mit magischem Respekt und füge ihn, auf der Reibe pulverisiert, messerspitzenweise den tiefenwirksamen Mischungen bei. Achtung, bei Bernstein gibt es auch Fälschungen aus Kunstharz, die beim Anzünden schwarz verschmurgeln und nach verbranntem Plastik stinken!

Fichtenharz *Picea abies*: rötlich-gelbes Harz, kräftiger, waldiger Duft, frisch und würzig; heilkundlich gegen Verschleimung und Rheuma; beim Räuchern bringt die Fichte Trost und Stärke; Seelenhelfer, Aufmunterer, wirkt keimtötend und reinigend. In Mischungen, z.B. mit Lavendel und Salbei.

Kiefernharz *Pinus silvestris*: hellgelbes Harz, verbrennt schneller als andere Harze, herb-würziger Duft; bringt Ruhe, Frieden, Entspannung, gelöste Stimmung, als Schutz- und Abwehrräucherung. In Mischungen.

Pinienharz *Pinus pinea*: würzig frischer, sehr aromatischer Duft; klärt, reinigt und erfrischt; sparsam anwenden, da intensiv. Als

Alleinräucherung geeignet, besser aber gemischt, z.B. mit Thujaspitzen und Wacholder.

Guggul *Commiphora mukul*: warmer, feinsüßer Duft mit einem leichten Vanilleton und herbem Fond, eines der schönsten Harze, die ich kenne; verbreitet eine angenehme innere Wärme, herzöffnend, wohltuend. Auch Indische Myrrhe genannt. Sparsam als Alleinräucherung oder in Mischungen.

Opoponax *Commiphora erythracea*: dunkler, erdig-würziger, balsamischer Duft, eine Mischung aus zartherb und süßlich; erdet, beruhigt, verankert in der Gegenwart und macht achtsam. Sehr gut für Meditationen. Allein oder in Mischungen.

Kampfer *Cinnamomum camphora*: scharfer, stechender, sehr frischer Duft, bekannt aus den Erkältungssalben; reinigt, klärt, macht Kopf und Nase frei; das weiße, kristalline Pulver ist sehr gut geeignet für intensive Reinigungsmischungen und frische Duftkompositionen. Sparsam beigeben!

Galbanum *Ferula galbaniflua*: ein schon früher als Heilmittel geschätztes, dunkles und oft sehr weiches Harz; duftet grünwürzig und leicht fruchtig, sehr vielschichtiges, interessantes Aroma, das lange im Raum haften bleibt. In der Parfumindustrie wird es auch als Fixierung für Düfte verwendet. Es wirkt beruhigend und schützend, läßt uns innehalten. Galbanum wurde früher bei Angstzuständen verwendet. Als Alleinräucherung in stecknadelkopfgroßen Kügelchen oder, falls Ihr Harz sehr weich und fast flüssig ist, auf kleinen Stengelteilen von Kräutern, z.B. getrocknete Schafgarbenstengel. Nehmen Sie ein kleines Stück Stengel, tauchen Sie es ins Harz und legen Sie es dann auf die Kohle. In Mischungen sehr würzig, verlängert die Rauchdauer.

Weißes Sandelholz *Santalum album*: zart-herber, eleganter Duft; aufbauend, stärkend, balsamisch und sinnlich, der Duft des Orients, öffnet das Tor zum Himmel! Indisches Sandelholz aus Mysore ist sehr teuer und Ausfuhrbeschränkungen unterworfen. Die Duftqualität ist jedoch durch keine andere Sorte zu erreichen. Es gibt noch eine andere Art des Sandelholzes, bot. *Amyris balsamifera*, das aber anders duftet. Manches minderwertige Sandelholzpulver ist mit süßlichen Gewürzen gestreckt. Sandelholz kleingeschnitten oder als Pulver zu Mischungen geben. Auch als Alleinräucherung sehr fein.

Rotsandelholz *Santalum rubrum*: warm, erdig, herber Duft „Lagerfeuer in Nepal"; erdet und stärkt; die intensiv-roten Stückchen sind auch eine optische Aufwertung für Räuchermischungen und Bestandteil meiner würzigen, roten Räucherhütchen (siehe Rezeptteil).

Zedernholz *Juniperus virginiana*: feinherber Duft; erdet und schützt, wehrt sowohl materielle wie auch feinstoffliche Parasiten ab. Die roten Späne gibt es in Säckchen als Mottenabwehr für den Kleiderschrank. Als Alleinräucherung oder in Mischungen geeignet.

Wacholder *Juniperus communis* Nadeln und Holz: herbwürziger Duft; der Wacholder ist eine alte magische Pflanze; stärkt, reinigt, vertreibt schlechte Schwingungen und schützt. In der Adventszeit werden oft Wacholderzweige auf Märkten und in Blumenläden angeboten. Diese lassen sich gut trocknen, zieren zuerst die Wohnung und werden später zu Räucherwerk. Allein verräuchern oder in Mischungen verwenden.

Zimtrinde *Cinnamomun ceylanici*: Lebkuchengewürz, typischer, intensiv-süßer Duft; wärmt, löst seelische Blockaden und öffnet das Herz, wirkt nervenstärkend. Beigabe als kleine Stückchen oder Pulver zu vielen süßen Mischungen.

Cassiazimt *Cinnamomum aromaticum nees*: chinesischer Zimt, grobe, dunkle Rindenröllchen; duftet ähnlich wie der Ceylonzimt, aber milder, warm, würzig, blumig, weniger süß; stärkt, wirkt emotional ausgleichend und öffnend, löst Erstarrung und Härte. Kleine Stückchen als Alleinräucherung oder zerkleinert, bzw. gemahlen in Mischungen.

Lapachorinde *Tabebuia avellanedae*: hauchdünne Schnipsel der Innenrinde des Lapachobaumes. Im Handel als Lapachotee erhältlich. Duftet warm, aromatisch und kräftig herbwürzig; klärt und stärkt. Als Tee soll die Lapachorinde die Abwehrkräfte steigern. Alleinräucherung erzeugt ein warmes, dunkles, herb-holziges Raumaroma. Auch in Mischungen für Schutz und Erdung.

Zypressenspitzen *Cupressus sempervirens*: frischer, grüner, intensiv-würziger Duft; macht den Kopf frei, verhilft zur Konzentration auf das Wesentliche. Symbol des Lebensbaumes. Die getrockneten Spitzen zerkleinern und Mischungen beigeben. Harmoniert gut mit Pinienharz oder Copal. Die der Zypresse verwandte Thuja kann ebenso verwendet werden.

Haselholz *Corylus avellana*: Schneiden Sie einen jungen Zweig von einem Haselnußbusch und schnipseln Sie ihn mit einem scharfen Messer zu kleinen Spänen (vom Körper wegschneiden, als wollten Sie ihn anspitzen). Die getrockneten Späne duften beim Räuchern nicht nur fein und holzig, sondern die Hasel ist auch seit alters her ein Lichtträger und Hort des Wissens. Ihr werden geheimnisvolle Kräfte zugeschrieben, z.B. als Wünschelrute. Beim Räuchern weckt sie die feinstofflichen Sinne und die Intuition. Alleinräucherung oder gemischt, z.B. mit Propolis.

Fichte *Picea abies* Nadeln und Holz: getrocknete junge Fichtenspitzen duften süß und frisch; Fichte tröstet und stärkt, Balsam für die Seele. Mischungsbeigabe oder Alleinräucherung.

Kiefer *Pinus silvestris* Nadeln und Holz: frisch-würzig; spendet Kraft, Ruhe und Entspannung, bei Rastlosigkeit. Allein oder in Mischungen.

Tanne *Abies alba* Nadeln und Holz: würzig und waldig im Duft; wehrt böse Geister ab. Früher legten wir in der Adventszeit immer frische Tannen- oder Fichtenzweiglein auf den heißen Bullerofen, bis der Duft das ganze Zimmer erfüllte. Allein oder in Mischungen mit Harzen und z.B. Wacholder.

Lärche *Larix decidua* Nadeln und Holz: eine magische Beigabe um spirituelle Helfer anzuziehen, in der Lärche wohnt nach altem Glauben ein guter Geist, das „salige Fräulein". Das Räuchern mit Lärchennadeln dient zum Schutz und um Glück anzuziehen. Mischungsbeigabe.

Probieren Sie auch andere würzige Hölzer und Rinden, die Sie zum Teil auch selbst sammeln können, wie Eiche, Walnuß, Süßholz usw. Es eignen sich aber auch die holzigen Stengelteile von Kräutern wie Rosmarin oder Lavendel. Schneiden Sie sie in Späne und geben Sie sie den krautigen Mischungen bei.
Sicherlich entdecken Sie mit der Zeit noch weitere Räucherhölzer mit feinem Aroma oder magischer Ausstrahlung für Ihre Räucherungen.

Das Praktische

In diesem Kapitel lesen Sie alles Wichtige zum Vorgang des Räucherns und von der Wirkung des Räucherdufts. Sie erhalten Anregungen zur Gestaltung eigener Räucherrituale und erfahren, zu welchem Zeitpunkt spezielle Räucherungen besonders wirksam sind.

Das Räuchergefäß vorbereiten

Sie benötigen zum Räuchern eine hitzefeste Schale, einen Kelch oder Pokal, beispielsweise aus Keramik oder Metall. Auch schöne, große und dicke Muschelschalen sind geeignet.

Wenn Sie öfter räuchern wollen, lohnt es sich, ein eigenes Gefäß zu diesem Zweck anzuschaffen. Wählen Sie dieses mit Bedacht aus, denn Sie sitzen ja beim Räuchern davor und hantieren damit. Eine häßliche Schüssel, die Sie nicht leiden mögen, beleidigt nicht nur das Auge, sondern mindert auch die Qualität Ihrer Räuchermeditationen und Rituale.

Bedenken Sie, daß es sein kann, daß Sie zur atmosphärischen Reinigung in Räumen die Schale vielleicht herumtragen möchten. Die Kohle heizt die Schale derart auf, daß auch das Außenmaterial heiß wird. Deshalb ist es günstig, wenn Ihre Schale einen Fuß oder einen Untersatz (z.B. Teller) hat, wo Sie sie halten können, ohne sich die Finger zu verbrennen.

Füllen Sie das Gefäß etwa bis zur Hälfte mit Vogelsand oder feinem Quarzsand. Der Sand bewirkt, daß die Räucherkohle besser abbrennt. Außerdem sorgt er für eine gleichmäßige Hitzeverteilung, was bei Keramikschalen Sprünge verhindert.

Wechseln Sie den Sand nicht jedesmal nach dem Räuchern aus, sondern lassen Sie die Aschenschicht, die sich mit der Zeit bildet, darauf liegen. Nehmen Sie nur die groben, unschön aussehenden Reste fort. Die Asche bewirkt nochmals eine Trennschicht, durch die die Kohle von unten belüftet wird und somit vollständig verbrennt.

Die Räucherschale wird von unten her heiß, außerdem sprüht die Räucherkohle beim Anzünden manchmal Fünkchen. Schützen Sie deshalb grundsätzlich ihren Tisch durch einen Untersetzer und räuchern Sie nicht auf empfindlichen Möbeloberflächen.

Zum Räuchern benötigen Sie spezielle selbstzündende Räucherkohle. Normale Grillkohle ist zu schwierig zu entfachen. Die Spezialkohle hat eine runde Form mit einer Mulde und wird in verschiedenen Größen angeboten (ca. zwischen 3 und 5 cm Durchmesser). Für Wohnraumräucherungen ist die kleinste Kohle mehr als ausreichend.

Wenn Sie die Kohle ans Feuer halten, prickeln kleine Fünkchen durch sie hindurch und im Nu ist sie ein kleiner Ofen. Ein leidiges Übel beim Entzünden der Kohle ist die Geruchsentwicklung des Selbstzünders. Anfangs öffnete ich deshalb immer zuerst die Fenster und „stellte auf Durchzug", denn ich will ja Düfte riechen, wenn ich räuchere. Meist halbiere ich aber jetzt die Kohle, indem ich sie entschlossen in der Mitte durchbreche, was beim Anbrennen die Geruchsentwicklung vermindert.

Das hat noch einen weiteren Vorteil, denn die Räucherkohle bleibt sehr lange heiß - ein großes Stück umso länger. Meist wird sie bei einer Wohnraumräucherung gar nicht ausgenutzt, sondern glimmt nach dem Räuchern noch stundenlang vor sich hin (was nicht unbeaufsichtigt geschehen sollte) oder Sie löschen Sie mit Wasser und dürfen dann den Rest fortwerfen, denn ohne den Selbstzünder ist sie kaum wieder in Gang zu bringen. Eine halbe Kohle ist für einmal Räuchern im Wohnraum gerade richtig. Geräuchert wird ohnehin nicht löffelvoll, sondern messerspitzen- oder prisenweise.

Bei den kleinen Hütchen oder Perlen meines festen Räucherwerks, oder wenn Sie gerade mal eben eine kleine Prise räuchern möchten, genügt oft sogar ein Viertelstück. Weniger Kohle - weniger Abfall und vor allem weniger unangenehme Geruchsentwicklung.

Bewahren Sie die Kohle luftdicht verschlossen auf, denn wenn sie Feuchtigkeit annimmt, funktioniert der Zündeffekt nicht. Feuchtgewordene Räucherkohle im Warmen oder auf der Heizung wieder ganz durchtrocknen. Dann ist sie wieder verwendbar.

Nun benötigen Sie eventuell noch einen kleinen Löffel zum Dosieren der Räuchermischung, sowie eine Kerze und schon kann es losgehen ...

Einfache Kräuterräucherungen

Für Ihre erste Räucherung empfehle ich Ihnen, würzige Kräuter wie Salbei (eines meiner Lieblingskräuter) oder Rosmarin, Lavendel etc. zu verbrennen. Die Kräuter müssen stets gut durchgetrocknet sein, bevor Sie sie verwenden.

Bereiten Sie Ihre Räucherschale und eine brennende Kerze vor. Legen Sie auch eine große Feder oder ein Stückchen Karton bereit, damit Sie die Kohle nach dem Entzünden belüften können. So glüht sie schneller durch.

Halten Sie die Kohle in die Kerzenflamme, bis sie von selbst zündet. Das kann etwas dauern. Bevor die Zündfunken Ihre Fingerspitzen erreichen, legen Sie die Kohle in die Mitte Ihres Gefäßes. Dort prickelt sie ganz durch und wird dabei sehr heiß. Am Rand sehen Sie dann bald die rote Glut, die Sie durch sanftes Anblasen, oder besser durch Fächeln mit der Feder verstärken können. Fächeln Sie so lange, bis die Kohle rot glüht. Nun haben Sie einen kleinen, heißen aber zahmen Feuertopf vor sich, der Ihre Räucherkräuter gerne „frißt".

Stäuben Sie nun eine dünne Schicht Vogelsand auf die Glut, bevor Sie das erste Blättchen auflegen. Das mildert die Hitze etwas und verhindert, daß die Pflanzenteile zu schnell verbrennen. Dann riechen sie nämlich brenzlig anstatt aromatisch.

Legen Sie ein Blättchen Salbei auf die Kohle, ein Stückchen des Stengels usw. Es wird einen Moment dauern, dann verfärbt sich das Blatt, wird braun, windet und kräuselt sich und entläßt einen zarten Duftfaden gen Himmel. Den schwarz gewordenen Rest entfernen Sie am besten mit einem Stäbchen von der Kohle, damit Sie freie Bahn für das nächste Blatt haben. Ich verwende dafür gerne ein trockenes Stück Stengel, aber ein Holzstäbchen oder Zahnstocher tut es auch. Nun können Sie das nächste Blättchen auflegen, bzw. die nächste Prise Räucherwerk, wenn Sie eine Mischung räuchern.

Geben Sie immer eine kleine Menge auf einmal auf die Kohle, ein abgezupftes Blattstückchen oder eine Messerspitze voll Räuchermischung. Besonders praktisch für die Mischungen ist ein kleiner Puppenlöffel aus der Spielzeugabteilung. Er faßt gerade eine Messerspitze voll und das Räucherwerk läßt sich sicher plazieren.

Warten Sie jeweils ab, bis die aufgelegte Portion ausgeraucht ist und räumen Sie die verbrannten Reste wieder von der Kohle herunter. Streuen Sie bei Harz und harzhaltigen Mischungen dann neuen Sand, bzw. Asche aus dem Räuchergefäß über die Glut. Diese Methode hat den Vorteil, daß selbst schwere Harze den Glutteller nicht verkleben und die Glut ersticken können. Das Harz klebt im Sand und läßt sich zusammen mit ihm gut herabziehen von der Kohle.

Auf diese Weise wird das Räuchern mit Räucherwerk zu einem (ent)spannenden Spiel. Sie „füttern" Ihren kleinen Ofen und dieser dankt es Ihnen, indem er den Wohlgeruch der Pflanzen enthüllt. Erheben Sie aber trotzdem zwischendurch Ihren Blick und prüfen Sie, ob Ihr Zimmer vielleicht schon völlig verschwadet ist. Allergiker sollten besonders vorsichtig sein, denn ein Zuviel des Pflanzenrauchs kann Reizungen auslösen.

Es ist empfehlenswert, während des Räucherns ein Fenster spaltbreit offenzuhalten, damit ein Abzug des Rauches gewährleistet ist. Zur Raumaromatisierung in der Wohnung genügen meist schon wenige Prisen. Nach einer atmosphärischen Reinigungsräucherung (die ruhig etwas kräftiger ausfallen darf) ist es gut, das Fenster ganz zu öffnen, um die Rauchschwaden abziehen zu lassen.

Es ist auch nicht erforderlich, eine Prise nach der anderen zu räuchern, damit das Feuer unterhalten bleibt. Die Kohle glüht bis zu 2 Stunden, so daß Sie in diesem Zeitraum auch einfach ab und zu eine Prise auflegen können. Der Duft bleibt auch nach Abziehen des Rauches im Raum haften.

Zur Dosierung hier eine kleine Faustregel:

Wenn Sie am nächsten Morgen Ihre Nase ins Räucherzimmer stecken und ein feines Aroma erfüllt den Raum, dann war die Menge gerade richtig. Es ist vor allem in der kalten Jahreszeit beeindruckend, wenn sich nach dem Einschalten der Heizung die Luft erwärmt und dadurch die „Duftgeister" wieder lebendig werden.

Riecht es hingegen leicht brenzlig und nach kaltem Rauch, dann haben Sie zu viel und wohl auch zu heiß geräuchert. Weniger ist mehr. Streuen Sie aber auch immer eine genügend dicke Schicht Sand oder Asche über die Glut, damit das Räucherwerk nicht direkt auf der Kohle verbrennt, sondern langsam verglimmt. So bleiben die ätherischen Öle und Aromabestandteile erhalten und werden sanft freigesetzt.

Kürzlich las ich auf dem Etikett eines Räucherharzes: „Geben Sie 1 Teelöffel voll Weihrauch auf die Kohle ..." Nun, dazu fällt mir eine kleine Geschichte ein:

Meine erste Berührung mit echtem arabischem Weihrauch hatte ich als noch sehr junger Teenager. Ich fand beim Stöbern in einer indischen Boutique eine kleine, hübsche Packung mit Weihrauch. Räucherstäbchen kannte ich ja schon, aber Arabischer Weihrauch war etwas Neues und das wollte ich kennenlernen. Ich erstand die Packung und zuhause fand ich eine Räucherkohle darin, sowie ein Beutelchen mit gelben Körnchen, etwa ein gehäufter Teelöffel voll.

Die Bildbeschreibung auf der Packung zeigte, wie die Kohle zu entzünden sei und wie dann der Rauch des Räucherharzes aufsteigt. Auch vor brennbaren Gegenständen in der Nähe der Glut wurde gewarnt, ansonsten gab es keine weiteren Informationen. Eine Kohle und ein Löffel voll Weihrauch - ganz klar, ich hatte eine Einmalräucherung gekauft!

Ich entfachte die Kohle in einem Aschenbecher aus Metall und gab den gesamten Weihrauch drauf. So etwas macht man nur einmal und dann nie wieder! In Kürze hüllten nämlich dicke Räucherschwaden den gesamten Raum ein. Es war viel zu viel des Guten und ich hatte einige Mühe, den heißen Ofen wieder zur Ruhe zu bringen. Hinterher mußte ich kräftig lüften und das Geld für den Weihrauch war somit im besten Sinne des Wortes zum Fenster hinaus geraucht. Zudem konnte sich in der Familie niemand für die „heilige" Atmosphäre begeistern, die noch tagelang im Wohnzimmer bestand. Durch diese Erfahrung war mir verständlicherweise der Umgang mit Räucherwerk für viele Jahre vergällt.

Räuchern Sie bei der Alleinräucherung von Harzen einzelne Körnchen nacheinander, die Stücke nicht größer als eine Erbse!

Viele Harze entwickeln einen intensiven und lange anhaltenden Rauch. Um ein durchschnittliches Wohnzimmer mit Weihrauch oder anderem Harz zu aromatisieren, genügen meist wenige Körnchen. Das Motto *Viel hilft viel!* führt beim Räuchern nämlich eher zu *Viel Rauch um nichts.*

Ein Räucherritual gestalten

Sie haben nun die praktische Seite des Räucherns kennengelernt und können sie jederzeit ausüben, wenn Ihnen der Sinn danach steht, allein oder im Freundeskreis, in der Wohnung oder auch draußen. An Sommerabenden im Freien können Sie beispielsweise durch Räuchern mit Zedernholz und Salbei oder einer Reinigungsmischung die Mücken vertreiben usw. Der Gelegenheiten sind viele. Aber es gibt auch noch eine andere Räucherpraxis, nämlich das Räucherritual.

Die Magie des Feuers

Die meisten Menschen glauben, daß das Feuer Dinge, die in die Flammen geworfen werden, verschwinden läßt auf Nimmerwiedersehen. Das stimmt aus magischer Sicht natürlich nicht. RäucherfreundInnen (und manche Raucher) wissen dies auch. Nichts verschwindet im Universum, es wird nur umgewandelt und beim Räuchern auf der roten Glut wird im Gegenteil enorm viel freigesetzt.

Seit Menschengedenken werden bedeutungsvolle Dinge verbrannt, nicht um sie einfach zu zerstören, sondern um ihren innewohnenden Geist freizusetzen.

In manchen Kulturkreisen ist beispielsweise die Totenverbrennung ein wichtiges Ritual, um der Totenseele die Freisetzung zu ermöglichen, ja sogar so wichtig, daß die kostspielige Verbrennung auch noch 20 Jahre nach dem Tod mit den restlichen Knochen vollzogen wird. Viele Familien sparen dann jahrelang, um dem Verstorbenen, der zwischenzeitlich auf dem Friedhof beerdigt wurde, eine richtige Feuerbestattung zu ermöglichen. Bei diesem Fest wird dann natürlich auch kräftig geräuchert.

Der Verbrennungsvorgang ist eine Oxidation. Er transformiert, er scheidet das Grobe vom Feinen (Gasförmigen). Das feine Aroma unserer Räucherstoffe ist gewissermaßen die Seele der Pflanze, die zum Himmel steigt. Zurück bleiben die groben „Schlacken".

Das Feuer als spirituelles Energieelement schlägt also die Brücke vom Grobstofflichen zum Feinstofflichen, vom Diesseits ins Jenseits, vom Irdischen zum Spirituellen. Die Auflösung im Feuer verwandelt nur das Sichtbare in Asche, der unsichtbare Geist wird hingegen frei.

Eine folgenschwere Logik, wenn wir bedenken, wie unser Müll heute in großen Öfen verbrannt wird. Eigentlich sollte er dadurch ja verschwinden vom Erdboden. Aber jeder Ofen will gefüttert werden und so trägt die Müllverbrennung gemäß der magischen Gesetzmäßigkeit der Freisetzung nicht zur Reduzierung des Übels, sondern zu dessen Vermehrung bei. Spinnen Sie diesen magischen Gedankenfaden ruhig noch ein bißchen weiter und überlegen Sie, was mit den in der Wut verbrannten Fotos der oder des untreuen Liebsten, mit verbrannten Briefen, mit Büchern, Akten, Kunstgegenständen usw. passiert!

Doch zurück zu unserem Räucherritual. In allen Kulturen ist rituelles Räuchern eine Art Gebet, und in ganz Asien rauchen täglich große Mengen an Räucherwerk zum Himmel. Es soll versucht werden, durch Rauchopfer die Aufmerksamkeit der Götter und Geister auf sich zu lenken. Aber auch bei uns wird in der Kirche noch rituell geräuchert. Traditionell geräuchert wird als Fürbitte, zur Wunscherfüllung, für Heilungen, zum

Loslassen Verstorbener, zur Anrufung, zum spirituellen Schutz, zur Reinigung und als Dank für göttlichen Beistand. Der rituelle Rauch „nährt“ quasi die Gottheiten.

Auch Sie können ein eigenes Räucherritual durchführen. An der Räucher-Technik ändert sich dabei nichts, aber die Einstellung, mit der Sie räuchern verfolgt einen bestimmten Zweck, der über das Beduften hinausreicht. Auf diesen Zweck werden Sie auch Ihre Räucherstoffe abstimmen und er sollte wohlüberlegt sein, denn eine nachträgliche Korrektur oder Widerrufung eines Rituals ist kaum möglich. Widmen Sie Ihr Ritual also nur einem wirklich erwünschten Zweck, dessen Ergebnis Sie auch verantworten können.

Sehr wirkungsvolle Räucherrituale können Sie beispielsweise zur Kraftaufladung oder Aurareinigung durchführen, wenn Sie sich geschwächt fühlen oder krank waren. Abendliche Räucherungen mit bestimmten Kräutern können Klarträume anregen, Hellsicht und Erkenntnis wecken. Weiter hinten finden Sie Räucherstoffe für bestimmte Zwecke aufgeführt.

Vollziehen Sie alle Rituale konzentriert und sorgfältig, denn davon hängt die Qualität des Ergebnisses ab.

Das Ritual soll aus dem Alltag hinausführen, damit es seine heilende und heilige Kraft entwickeln kann. Es braucht als erstes:

- einen schönen und besonderen Rahmen (bestimmter Platz, schön geschmückt)

- eine besondere Haltung (innerlich mit der bestimmten Absicht erfüllt und äußerlich z.B. eine besondere Art zu sitzen)

- schöne Klänge, Musik, die einen besonderen Klangrahmen schafft

- Zeit und Ruhe, damit die spirituellen Kanäle sich öffnen

Das Vorbereiten und Dekorieren der Umgebung gehört bereits zur Einstimmung. Legen Sie die Räucherstoffe griffbereit und in der erforderlichen Portion zurecht, wählen Sie mit Bedacht eine besondere Mischung oder Einzelstoffe aus. Zünden Sie die Kerze an, schmücken Sie den Platz mit Blumen, stellen sie besondere und bedeutsame Gegenstände auf. Erschaffen Sie mit Ihrem Zubehör ein schönes und würdevolles Bild für Ihr Ritual und verfahren Sie dann Schritt für Schritt und in aller Ruhe, wie im Beispiel angegeben.

Beispiel für den Ablauf eines Rituals:

- Hinsetzen, ruhig werden, der Musik lauschen, sich auf die Absicht einstimmen (Gebet), mit der Feder einen imaginären Kreis um sich ziehen

- Beginn ist das erste Auflegen von Räucherwerk (1 Messerspitze), langsam abbrennen lassen, fächeln usw.

- mehrere Male eine Prise räuchern, entspannen, Düfte aufnehmen, hinspüren, den bestimmten Zweck bedenken (Gebet, Fürbitte o.ä.)

- um das Ende zu markieren, Räucherwerk ausrauchen lassen und dann das Bewußtsein und die Konzentration wieder „hereinholen" in den Alltagsgeist, den magischen Kreis mit der Feder wegwedeln und öffnen

- aufstehen, aufräumen usw. Die besondere Schwingung und der Duft im Raum bleiben noch tagelang bestehen.

Ein Ritual hat einen festgelegten Beginn und ein Ende! Stellen Sie sicher, daß Sie nach dem Ritual wieder ganz im Hier und Jetzt sind. Dies ist vor allem dann wichtig, wenn Sie das Ritual alleine gemacht haben. Das Ziehen und Auflösen des Kreises hilft Ihnen dabei. In der Gruppe erdet sich die Stimmung rasch wieder, wenn es danach etwas zu erzählen gibt. Achten Sie aber auch hier auf TeilnehmerInnen, die irgendwie neben sich stehen oder „nicht ganz da“ zu sein scheinen. Direktes Ansprechen erdet die Person und holt sie wieder in den Alltag herein.

Sehr schön ist z.B. ein geselliges Wintersonnwendritual. Sitzen Sie zusammen um die Räucherschale. Jede und jeder überlegt sich, was sie/er aus dem alten Zyklus, der nun zuende geht loslassen will und was als nächstes im neuen Halbjahr ansteht. Vielleicht schreiben Sie auch die guten Vorsätze auf kleine Zettelchen, die Sie dann reihum auf die Glut legen und verbrennen. Am Rauch und an der Art des Verbrennens können Sie oftmals die Erfüllung schon erkennen.

Räuchern Sie danach ebenfalls reihum. Wir lassen dazu den kleinen Löffel im Uhrzeigersinn kreisen. Jede legt eine Prise auf und alle warten, bis sie ausgeraucht hat. Ist der Kreis geschlossen, dann endet das Ritual. Währenddessen wird kein Wort gesprochen, um die Konzentration nicht zu stören. Danach gibt es dann einen guten Schluck und einen Happen zu essen, und natürlich einen geselligen Schwatz!

Zu Sommersonnwend im Juni können Sie draußen am Lagerfeuer räuchern. Legen Sie die Räucherstoffe auf heiße Steine nahe ans Feuer oder räuchern Sie extra in der Schale.

Räucherungen sind bei vielen Gelegenheiten sinnvoll. Sie bilden eine Brücke zur feinstofflichen Welt und zu unserem eigenen spirituellen Bewußtsein. Sie befreien uns vom Alltagsstreß und mit dem Verbrennen der Kräuter und Harze verbrennt auch ein Stück Vergangenheit.

Das Räuchern setzt die Kräfte der Pflanzenhelfer frei, die ähnlich wie andere ganzheitliche Heilmittel ausgleichend und harmonisierend wirken. Durch das Räuchern können wir die Aura beeinflussen und mit Hilfe der Kräuter die Heilung disharmonischer Zonen im Energiefeld einleiten. Die folgende Übersicht soll Ihnen die Auswahl der Stoffe für bestimmte Zwecke erleichtern.

Zur Reinigung (Aura, Räume, Gegenstände) eignen sich:

Salbei, Zeder, Wacholder, Beifuß, Rosmarin, Lavendel, Weihrauch, Myrrhe, Copal, Benzoe Sumatra, Styrax, Teufelsdreck, Senf, Tanne, Minze, Kampfer, Zitronengras, Kiefer, Fichte

Für Schutz und Erdung eignen sich:

Salbei, Rosmarin, Wacholder, Nelke, Lorbeer, Fenchel, Styrax, Lapacho, Anis, Kardamom, Nagarmotha, Fichte, Kiefer, Styrax, Benzoe Siam, Propolis, Zeder, Lärche, Opoponax, Galbanum, Tonka, Mistel, Narde, Myrrhe, Rotsandelholz, Patchouli, Muskat, Vanille, Sternanis

Kraftspender sind:

Rosmarin, Muskat, Macis, Pfeffer, Piment, Zimt, Kalmus, Ingwer, Galgant, Weißes Sandelholz, Copal, Mastix, Benzoe Sumatra, Nagarmotha, Guggul, Zimtblüte, Abelmoschus, Kardamom

Zur Entspannung eignen sich:

Lavendel, Patchouli, Nelke, Myrte, Tonka, Sternanis, Myrrhe, Weihrauch, Benzoe Siam, Kiefer, Aloe, Galbanum, Narde, Vanille

Tiefenwirksame Räucherstoffe bei seel. Blockierungen:

Muskat, Kardamom, Ingwer, Kampfer, Myrrhe, Bernstein (Karmabearbeitung), Galbanum

Für Liebesräucherungen eignen sich:

Kardamom, Benzoe Siam, Styrax, Propolis, Patchouli, Tonkabohnen, Anis oder Sternanis, Kalmus, Piment, Nelke, Zimt, Weißes Sandelholz, Myrrhe, Mastix, Süßholz, Koriander, Zimtpulvermix, Cassia, Guggul, Rose, Vanille, Safran, Abelmoschuskörner

Für Glück und gutes Gelingen eignen sich:

Lärche, Kalmus, Wacholder, Lorbeer, Weihrauch, Sternanis, Benzoe Siam, Nelke, Rose

Für Traumarbeit und Weissagung eignen sich:

Salbei, Lorbeer, Mastix, Beifuß, Copal, Aloe, Hopfen, Eisenkraut, Bernstein, Haselholz, Mistel, Muskat

Zur Meditation und Innenschau eignen sich:

Weißes Sandelholz, Weihrauch, Benzoe Sumatra, Copal, Zeder, Lavendel, Koriander, Nelke, Patchouli, Mastix, Opoponax, Kampfer

Räuchern für Verstorbene:

Das Räuchern zum Gebet für Verstorbene kann der Seele helfen, sich zu lösen und ihren neuen Pfad zu beschreiten. Geeignete Stoffe sind Weihrauch, Sandelholz, Myrrhe, Koriander, Benzoe Sumatra, Zypresse, Pinie, Salbei, Iriswurzel, Thuja, Nelke

Was der Rauch vermag

Das Räuchern wirkt tief in die Psyche (dazu bedarf es keiner Rauschdrogen!), denn es ist ein Ausdruck archaischer Spiritualität und gehört somit zu den tiefsten Empfindungen der Menschheit. Dieses alte, spirituelle Wissen ist in uns allen verankert und wird beim Räuchern angeregt. Wir stellen uns damit in eine uralte, heilige Tradition!

Räucherwerk, aber auch Parfums, ätherische Öle, Kräuter usw. dienen uns als Hilfsmittel, mit dem Unterbewußtsein, mit dem Höheren Selbst und vielleicht auch mit Wesenheiten aus anderen Dimensionen Zwiesprache zu halten.

Räucherstoffe wirken über den Geruchssinn direkt auf unsere Wahrnehmung und sind der Schlüssel zu veränderten Bewußtseinszuständen. Sie erschaffen die *magische Zeit*, jenen Bewußtseinszustand, der uns hilft, mit den feineren Schwingungen in Berührung zu kommen.

Düfte und Gerüche besitzen eine emotionale Magie, sie sprechen unser Gefühl an, können Stimmungen verändern, Erinnerungen ins Bewußtsein zurückholen, Barrieren im Denken abbauen, beruhigen, entspannen und heilen. Je nach Intention und ritueller Absicht, sowie verwendetem Räucherwerk können wir tiefer oder weniger tief auf unsere Psyche und unser Unterbewußtsein einwirken, mitunter sogar bis in feinste, spirituelle oder karmische Tiefen hinein.

Das richtige Räucherwerk ist ein wunderbarer Meditationsbegleiter. Es schafft einen schützenden und heiligen Rahmen und erhöht die Schwingung im Raum. Speziell gemischtes Räucherwerk aus aromatischen Harzen, duftenden Blüten und Hölzern hebt die menschlichen Sinne emotional und geistig an und wirkt auf das Energiefeld, die Aura, ein. Mit Hilfe spezieller Substanzen ist es möglich, die Psyche und ihre einzelnen Schwingungsebenen gezielt anzusprechen und in der gewünschten Weise zu beeinflussen.

Beachten Sie: Räuchern wirkt intensiver, als die Duftlampe mit ätherischen Ölen. Die Wirkrichtung der Pflanze ist jedoch dieselbe wie bei den ätherischen Essenzen.

Der Rauch unseres Räucherwerks vermag also:

- unsere Seele durch feine Düfte zu erfreuen und zu erheben

- Räume, Aura, Gegenstände feinstofflich zu reinigen und die Schwingung zu verändern

- negative Energiefelder aufzulösen (z.B. schlechte Stimmung nach einem Streit)

- „böse Geister" zu vertreiben (negative Gedanken und Gefühle, Wesenheiten) und „gute Geister" anzuziehen (positive oder heilige Stimmung verbreiten, positive Energie aktivieren)

- spirituelle Kräfte für ein Ritual zu wecken und den Raum zu klären, zu schützen und aufzuladen

- die Meditation zu fördern und zu vertiefen und als Abendräucherung die Traumtätigkeit sowie unsere Intuition anzuregen

- unsere Botschaften und Wünsche (Gebete) zum Himmel, zu den Göttern emporzutragen

- in manchen Kulturen wird Rauch zusammen mit anderer Medizin zur Krankenheilung verwendet und auch wir können unterstützend zur sonstigen Behandlung räuchern (aber sparsam!). Es ist erwiesen, daß die beim Räuchern freigesetzten äth. Öle auf Bakterien und Keime in der Luft (vielleicht die Krankheitsdämonen?) abtötend wirken.

Vom richtigen Zeitpunkt

Für die Raumaromatisierung können Sie selbstverständlich zu jeder Zeit räuchern, wenn Ihnen der Sinn danach steht. Räucherungen erfüllen die Wohnung mit feinen Düften, die unsere Seele erfrischen und erheben oder auch wärmen. So sind im Winter warme, süße Düfte besonders wohltuend, während im Sommer Kräuter und Zedernholz Mücken vertreiben oder ein Hauch Kampfer kühle Frische spendet.

Die Räume oder die Aura reinigen Sie dann, wenn es für Sie der richtige und notwendige Zeitpunkt ist. Die Häufigkeit hängt dabei von der Nutzung Ihrer Räume ab. Meist genügt eine Räucherung ab und zu oder einmal im Monat. Seminarräume können stärker belastet sein, so daß öfter geräuchert werden muß. Lassen Sie sich bei der Einschätzung der Notwendigkeit einer atmosphärischen Reinigung von Ihrer Intuition leiten.

Unterstützen Sie die Reinigungsräucherung zusätzlich durch das Visualisieren von weißem Licht im Raum und konzentrieren Sie sich auf Ihre Absicht, nämlich den Raum von allen negativen Energieformen zu befreien. Ihre Willenskraft unterstreicht die bannende Qualität der Räucherung.

Nach Streitigkeiten, anstrengenden oder auch traurigen Gesprächen oder einer Albtraumnacht ist es sinnvoll, die negative Stimmung aus dem Raum „hinauszuräuchern". Öffnen Sie nach der Räucherung die Fenster, um Energieformen, die nicht aufgelöst werden können, zu entlassen.

Rituelle Räucherungen hingegen werden durch Beachtung des günstigsten Zeitpunkts aufgewertet. Die kosmische Uhr zeigt uns wirksame Kräfte, die wir positiv nützen können. Hierbei ist der Mond ein wichtiger Zeitgeber, sodaß wir die unterschiedlichen Phasen auch verschieden nutzen sollten.

Aber auch der Sonnenstand im Tierkreisjahr zeigt uns 12 verschiedene kosmische Energieniveaus an, deren Kräfte sich für rituelle Räucherungen anbieten. Sonnentransite (in der Konjunktion) zu markanten Punkten in Ihrem Geburtshoroskop sind ebenfalls wirkungsvolle individuelle Ritualtage. Die Sonne aktiviert und vitalisiert den jeweiligen Planeten, mit dem sie ca. für einen Tag in der Konjunktion (d.h. auf demselben Tierkreisgrad) steht. Einer der interessantesten Konjunktionstage ist natürlich Ihr Geburtstag, an dem die Sonne (manchmal auch schon kurz davor) in Konjunktion zu Ihrem Geburtssonnenstand geht. Eine Geburtstagsräucherung zur Anregung der Tierkreiskraft Ihrer „inneren Sonne" stärkt diese gewaltig.

Natürlich können Sie auch anderweitig für individuelle Horoskopenergien rituell räuchern. Wenn Sie beispielsweise der Meinung sind, die Kräfte des Zeichens Widder kommen in Ihrem Leben zu kurz, weil Sie sie nicht umsetzen, dies aber tun wollen oder sollen, dann können Sie eine „Widder-Anregung" räuchern (am wirkungsvollsten natürlich in der Widderzeit oder bei Mond im Widder), indem Sie entsprechende Räucherstoffe verwenden. Bei Widder sind dies sicher die Kraftspender unserer Räucherpalette.

Das Räucherwerk und Ihr starker Wunsch, ausgedrückt in einem Räucherritual, werden nicht lange auf die Wirkung warten lassen. Sie beeinflussen durch das Ritual also Ihr eigenes Unterbewußtsein einerseits über Düfte und andererseits über den Wunsch oder Zweck, den Sie erzielen wollen. Räucherwerk vermag jede Affirmation wirkungsvoll zu unterstreichen.

Sehr wirkungsvoll sind Räucherungen bei Vollmond. Eine Reinigung ist dann auch intensiver und hält länger an, als zu einem beliebigen anderen Zeitpunkt. Kraftpflanzen sind an Vollmond besonders aufgeladen (wie wir Menschen manchmal auch!). Es lohnt sich, auch schon beim Sammeln und Trocknen auf den entsprechenden Zeitpunkt zu achten. Aber auch das Räuchern von Kräutern, die nicht an einem Krafttag gesammelt wurden, ist bei Vollmond noch wesentlich intensiver.

Wenn Sie einmal im Monat eine atmosphärische Räucher-Reinigung durchführen wollen, so wählen Sie den Vollmond als günstigsten Zeitpunkt. Auch für Wunsch- und Heilungsräucherungen oder für Affirmationen, die eine schnelle Wirkung zeitigen sollen, ist der Vollmond ein zusätzlicher Kraftgeber.

Wollen Sie ein übriges tun, dann beachten Sie noch zusätzlich, in welchen Zeichen der Vollmond steht (siehe übernächster Abschnitt: *Räuchern im Sonnenlauf durch den Tierkreis*). Dadurch nehmen Sie die Tierkreisqualitäten, die ja auch mit dem Jahreszeitenkreislauf zu tun haben, in Ihr Ritual mit hinein.

An Neumond sind die Hellsicht-, Traum- und Weissagungsräucherungen besonders effektiv. Neumond ist die Konjunktion von Sonne und Mond, hier schließt sich also der Kreis und erschafft Klarheit und Weisheit.

Der Neumond unterstützt aber auch Innenschau, Einkehr, Meditation, Selbsterkenntnis und Orakel wie Tarot, I Ging usw. Sie können also diese Zeit für eine besondere Tarotbefragung nützen und sich ein eigenes Weissagungs- und Räucherritual gestalten. Räuchern Sie dazu mit den entsprechenden Stoffen, ziehen Sie Ihre Karten und meditieren Sie über die Bilder und Ihre Deutung dazu.

Lassen Sie sich vor allem viel Zeit dafür, denn jetzt zu Neumond sind die spirituellen Antennen offen für Inspiration. Diese kann aber nur empfangen werden, wenn wir in Ruhe und einer gewissen Erwartung sind. Die intuitive Stimme ist meist leise und symbolhaft verschlüsselt. In Hektik und Streß kann sie sich nicht entfalten. Beruhigende Räucherstoffe in Verbindung mit den „Traumkräutern" können daher die entsprechende Grundlage für Inspiration in Ihrem Inneren schaffen.

Es ist weiterhin ein günstiger Zeitpunkt, um langfristige Projekte und langsam wachsende, neue Prozesse einzuleiten, oder auch um auszuruhen, Rückschau auf den vergangenen Zyklus zu halten und das Erreichte zu genießen. Vielleicht möchten Sie auch eine Räucherbotschaft des Dankes in den Himmel entsenden? Widmen Sie den himmlischen Helfern Weihrauch und feine Gewürze und erfreuen Sie sich an dem Duft. Ein solches Dankesritual schenkt Ihnen Zufriedenheit und Harmonie.

Wählen Sie hierfür jeweils den Vollmond, um die Tierkreiskräfte optimal zu nutzen. Das ist etwas anderes, als wenn Sie nur den Mondstand im jeweiligen Tierkreiszeichen nehmen.

Am Vollmond in der Widderzeit steht die Sonne im Widder, der Mond jedoch genau gegenüber in der Waage. Diese Opposition schafft ein Spannungsfeld zwischen den beiden polaren Zeichen. Diese sind wie die zwei Seiten einer Medaille und bilden somit sich gemeinsam ergänzende Pole. Sonne steht u.a. für Bewußtsein, während Mond das Unbewußte, die Gefühlswelt symbolisiert.

Zu Vollmond ist die Wirkung der Polarität, gleich einer geladenen Batterie mit Plus- und Minuspol, hier auf der Erde spürbar. Menschen oder auch Tiere, die an Vollmond aufgedreht und nervös sind, können der Vollmondbatterie nicht standhalten und geraten so aus dem Gleichgewicht. Es ist also wünschenswert, zu Vollmond ein Gleichgewicht oder einen Energiefluß zwischen den polaren Tierkreisenergien, die ja alle auch im individuellen Horoskop enthalten sind, zu erwirken. Es geht also um die Harmonie zwischen Bewußtem und Unbewußtem.

Tierkreisräucherungen zu Vollmond haben starken Erfüllungscharakter der Kräfte und Eigenschaften des jeweiligen Sonnenzeichens, dessen Bewußtwerdung angeregt wird. Das gleiche gilt für Tage, an denen die Sonne einen markanten Punkt in Ihrem Horoskop (Planet, Achse) im jeweiligen Tierkreiszeichen berührt. Sie können die hierzu vorgeschlagenen Räucherstoffe einzeln oder als Mischung anwenden.

Widderzeit, vom 21. März bis 20. April: es eignen sich jetzt alle Kraftspender (z.B. Rosmarin, Blauraute, Kardamom oder Piment), um Power und Initiative in Ihr Leben und Ihre Persönlichkeit einzuführen. Lassen Sie den Rauch an sich aufsteigen, fächeln Sie ihn mit der Feder oder den Händen in die Aura oder noch besser: tanzen Sie, bewegen Sie sich dabei, denn Widder ist das Zeichen der Bewegung, der Anfangskraft und der neuen Ideen. Stellen Sie viele Kerzen auf, denn Widder ist ein Feuerzeichen.

Stierzeit, vom 21. April bis 21. Mai: hier räuchern Sie sinnlich-süße Düfte (z.B. Kalmus und Zimt, Styrax oder Benzoe Siam mit Tonka). Stier erlaubt uns, das Leben und den Körper zu genießen. Das gelingt paradoxerweise erst dann, wenn wir auch das Ende eines jeden Genusses annehmen. Zum Stiervollmond steht der Mond denn auch passenderweise im Skorpion, dem Zeichen des Loslassens. Dieses Vollmondritual kann uns dabei helfen, das rechte Maß, die genußvolle Ausgewogenheit zu finden. Verbinden Sie das Räuchern noch ganz bewußt mit anderen Genüssen (kulinarisch oder erotisch, ein sinnliches Bad o.ä.). Auch ein Dank an Mutter Erde paßt zur Stierzeit.

Zwillingezeit, vom 22. Mai bis 21. Juni: jetzt eignen sich geistige Unterstützer aus unserer Räucherpalette (z.B. Lavendel und Copal, ein Hauch Kampfer). Zwillinge ist das Zeichen der Information und Kommunikation. Es läßt uns lernen und staunen wie ein neugieriges Kind vor den großen Wundern des Wissens. Wenn Sie das Staunen und Dazulernen verloren haben oder wenn Sie in diesem Jahr Prüfungen schreiben müssen, dann räuchern Sie am Vollmond in den Zwillingen und bitten dabei um Lernerfolg und Verstandeskraft oder um geistige Anregung und Erneuerung.

Krebszeit, vom 22. Juni bis 22. Juli: dies ist die Zeit der Phantasie, Medialität, Mütterlichkeit und Fruchtbarkeit und diese Kräfte können Sie nun anregen. Dazu sind alle Schutz- und Traumpflanzen geeignet (z.B. Mastix, Salbei, Fenchel, Lorbeer). Krebs regiert das Meer des Unbewußten, aber der Mond im gebenüberliegenden Steinbock verhindert das Ausufern unbewußter Kräfte. Jede Form von Phantasie und Kreativität benötigt einen geschützten, realistischen Rahmen, sonst bleibt sie doch nur Phantasterei. Integrieren Sie eine Schale mit Wasser als Symbol in Ihr Ritual.

Löwezeit, vom 23. Juli bis 22. August: nun können wir unser „königliches Wesen", unsere Würde stärken. Dazu ist bester Aden-Weihrauch genau das richtige Räuchermittel, feinste Myrrhe, Sandel und Moschus, kurz: alles, was gut und teuer ist. Prunk pur! Keine Angst, der ganzheitliche Wassermann am anderen Ende sorgt schon dafür, daß Sie nicht vom sonnigen Löwenherz zum absoluten Herrscher werden.

Jungfrauzeit, vom 23. August bis 22. September: nun räuchern Sie für Sparsamkeit und Vorsorge, für die Gesundheit und Fitness des Körpers. Das kann vonnöten sein, sollte Sie die löwische Prunksucht zum zentnerweisen Einkauf von Weihrauch verführt haben. Jungfau erschafft einen Plan, wie das verpraßte Geld wieder hereinkommt und so eignet sich der Jungfrauvollmond für materielle Angelegenheiten, Arbeit und Erfolgsräucherungen. Geeignete Räuchermittel sind z.B. Kalmus, Sternanis und Weihrauch.

Waagezeit, vom 23. September bis 22. Oktober: nach der Erntezeit der Jungfrau ist nun die Zeit der Liebe und Harmonie angebrochen. Waage steht unter dem Zeichen der Partnerschaft und Freundschaft. Räuchern Sie z.B. mit Kardamom, Koriander und Mastix, wenn Ihnen in Ihrem Leben Liebe und Harmonie abgeht. Der Waagevollmond eignet sich aber auch für eine schöne sinnliche Nacht zu zweit, schöne Musik, der betörende Duft einer süßen Liebesräucherung ...

Skorpionzeit, vom 23. Oktober bis 21. November: dies ist die Phase des Loslassens, der Reinigung und Überwindung, des Abwerfens von Altem, Verbrauchtem. Räuchern Sie nun zur tiefgehenden inneren Reinigung und Transformation (z.B. mit Ingwer, Weihrauch und einer Prise Muskat) oder vollziehen Sie eine Ahnenräucherung für jene, die vor Ihnen da waren und von welchen Sie ja so manches geerbt haben. Lösen Sie sich ganz bewußt von alten Strukturen und Verhaftungen, die nicht mehr angemessen sind.

Schützezeit, vom 22. November bis 20. Dezember: der Vollmond in der Schützezeit dient allen Lehrern und Lehrerinnen, RednerInnen und PriesterInnen als besonderer Ritualzeitpunkt. Räuchern Sie für Glaubwürdigkeit und Verständnis, für Gerechtigkeit und Wahrheit (z.B. mit Guggul, Sandelholz und Nelke). Auch wenn Ihnen der Sinn Ihres Lebens abhanden gekommen sein sollte, ist die Zeit nun günstig, um sich auf die Suche zu begeben. Schütze verhilft Ihnen zum Gesamtüberblick, ohne sich im Detail zu verzetteln.

Steinbockzeit, vom 21. Dezember bis 19. Januar: die winterliche Steinbockzeit beginnt mit Sonnwend, weshalb sich nun die Sonnwendräucherung anbietet (siehe Rezeptteil). Die Qualitäten des Steinbocks sind Zähigkeit, Ehrgeiz und Realitätssinn. Räuchern Sie für Durchhaltevermögen, Gesundheit und Klarheit (z.B. mit Yogitee, Kalmus, Sternanis und Benzoe).

Wassermannzeit, vom 20. Januar bis 18. Februar: jetzt ist der Sinn für ganzheitliche Zusammenhänge verstärkt. Nutzen Sie den Vollmond in der Wassermannzeit zu einer Auseinandersetzung mit Ihrer Gebundenheit bzw. Freiheit. Räuchern Sie, um Fesseln abzustreifen und neue Ideen zu erhalten, aber wundern Sie sich dann nicht, wenn in Ihrem Leben vielleicht ein Wirbelsturm an Veränderungen losbraust. Das klappt natürlich nur, soweit Sie auch mitspielen. Sie drehen Ihr Glücksrad selbst! Geeignete Räucherstoffe sind z.B. Kampfer, Fichtenharz und Zypressenspitzen.

Fischezeit, vom 19. Februar bis 20. März: diese Zeit eignet sich für Innenschau und Spirituelles. Fehlt es Ihnen an Gottvertrauen und Leichtigkeit, so ist eine Räucherung zu diesem Vollmond günstig (z.B. mit Weihrauch, Copal, Zeder, Lavendel und Sandelholz). Die mystischen Fische schenken uns die Kraft zur Transzendenz und den Mut, in andere Bewußtseinsebenen einzutreten und diese Bereiche in unser Leben zu integrieren.

Rezepte für feines Räucherwerk

In diesem Kapitel verrate ich Ihnen meine erprobten Rezepte zum Selbstherstellen von Räuchermischungen, Pulver und festem Räucherwerk. Das Hantieren mit den Räucherstoffen macht nicht nur Spaß, sondern ist auch ein sinnliches Vergnügen!

Die Kunst des Mischens

Zum Einstieg in die Kunst des Mischens bedarf es keiner Riesenauswahl an Räucherstoffen. Es ist sogar besser, einige Pflanzen und Stoffe erst einmal gut kennenzulernen. Räuchern bringt uns in einen tieferen Kontakt mit dem Wesen der Pflanze.

Für AnfängerInnen genügen bereits einige wenige Stoffe, um verschiedenste Mischungen herzustellen. Von Vorteil sind hierbei die „Doppelnutzungen", nämlich jene Kräuter, die Sie als Tee oder Gewürz bereits im Haushalt haben und sonst auch brauchen.

Für den Einstieg genügen einige wenige Räucherstoffe:

- ein bis zwei Harze: z.B. Weihrauch (Olibanum), Mastix, Copal, Benzoe Sumatra oder Myrrhe

- Kalmuswurzel (empfehlenswert, weil sie sehr vielseitig ist)

- aus dem Kräuter- und Teeregal: Salbei, Rosmarin, Wacholderbeeren, Lorbeer, Thymian, Anis, Fenchel, Kardamom, Zimt, Nelken, Piment, Lavendel usw., evtl. Yogitee (ayurvedische Teefertigmischung mit Zimt, Nelke, Kardamom und Ingwer, die Sorte in der roten Packung!)

- vom Waldspaziergang: Nadelbaumharze (mehrere Wochen gut durchtrocknen lassen), Tannen-, Fichten-, Kiefernzweiglein

- evtl. Zedernholz und Sandelholz

Zum Herstellen von Räuchermischungen benötigen Sie neben den Rohstoffen einen vernünftigen Mörser, z.B. einen Labormörser aus Porzellan. Eine meiner Workshopteilnehmerinnen brachte einen Mörser aus Palmholz mit, den Sie als Souvenir im

Urlaub gekauft hatte. Er hat ebenfalls gut funktioniert. Ein Mörser muß innen rauh und ohne Glasurüberzug sein, ebenso die Pistille. Dekostücke sind oft rundum glasiert, was sie für unsere Zwecke wertlos macht.

Sehr praktisch ist auch eine alte Kaffeemühle mit Mahlwerk, die Sie als Gewürzmühle verwenden können. Hölzer und harte Rohstoffe wie Sternanis lassen sich damit gut pulverisieren. Legen Sie auch Holzbrettchen und Messer bereit, falls Sie etwas kleinschneiden müssen.

Räuchermischungen werden am besten frisch zubereitet. Das Herstellen mit dem Mörser ist eine schöne und vor allem „dufte" Tätigkeit, die viel Spaß macht!

Für das Mischen gibt es keine allgemeingültige Regel. Erlaubt ist, was gefällt und gut riecht. Über Geschmäcker und Gerüche läßt sich aber bekanntlich nicht streiten und so findet manch einer wohlriechend, worüber andere die Nasen rümpfen. Bestes Beispiel hierfür ist Patchouli, das von vielen geliebt, aber von denen, die nicht zu den LiebhaberInnen gehören, meist völlig abgelehnt wird.

Wenn Sie mit dem Experimentieren beginnen, werden Sie schnell feststellen, daß manche Stoffe ausgezeichnet harmonieren, während andere sich nicht gut vertragen. Intensive, laute Düfte schlagen feine Nuancen tot, obwohl manchmal gerade eine Winzigkeit eines Duftes „aus der anderen Ecke" einer Mischung den Pfiff verleiht und sie harmonisch abrundet. So kann eine herbe, frische Note durch eine Spur Süße verstärkt werden oder eine grasig-grüne Richtung durch ein fruchtiges Aroma ergänzt werden.

Beißen Sie sich auch nicht allzusehr an den feinstofflichen Wirkungen fest, sondern lassen Sie sich von Ihrer Nase führen. Mit der Zeit bildet sich dabei in Ihrem Gehirn ein regelrechtes Duftarchiv, was Ihnen das Kombinieren von Räucherstoffen später erleichtert.

Achten Sie beim Herstellen von Mischungen darauf, daß die verschiedenen Anteile etwa gleiche Größe haben. Wenn Sie Harz pulverisieren und dann mit grobgezupften Kräutern mischen, fällt es nach unten durch und bleibt als Bodensatz bis zuletzt liegen. Zerstoßen Sie in dem Fall das Harz nur grob oder pulverisieren Sie die Kräuter auch im Mörser, damit eine homogene Mischung entsteht.

Grundsätzliches zu den Mischungsverhältnissen der angegebenen Rezepte:

Als Maß dient der Teelöffel (TL), Sie können aber auch einen kleineren Espressolöffel nehmen, wenn Sie selten räuchern oder ein Rezept erst einmal ausprobieren möchten. Falls Sie eine größere Menge herstellen wollen, verwenden Sie einen Eßlöffel.

Manchmal heißt es auch eine Prise. Damit ist die Menge gemeint, die Sie zwischen Daumen und Zeigefingerspitze greifen können.

Eine Messerspitze (Msp) beschreibt die Menge, die auf der Spitze eines Küchenmessers Platz findet.

Die Mengen der einzelnen Mischungen reichen für eine, bzw. einige wenige Räucherungen. Länger auf Vorrat zu mischen lohnt sich nicht, da die fein gemörserten Kräuter in Kürze ausgeduftet sind.

Die folgende Liste zeigt Ihnen einige miteinander harmonierende Räucherstoffpaare und ihre Duftnoten als Beispiele:

Kalmus und Zimt	*- feinsüß*
Rosmarin und Fichtenharz	*- würzig-frisch*
Salbei und Weihrauch	*- krautig-balsamisch*
Ysop und Mastix	*- zitronig-frisch*
Kardamom und Myrrhe	*- herb-süß*
Zimt und Propolis	*- honigsüß*
Koriander und Weihrauch	*- balsamisch, warm*
Guggul und Zimtblüte	*- süßlich-mild*
Opoponax und Nelke	*- erdig-süß*
Zeder und Weihrauch	*- herb, balsamisch*
Sandelholz und Zimt	*- süß, feinwürzig*
Patchouli und Abelmoschus	*- pudrig, schwer, sinnlich*
Wacholder und Copal	*- grün-würzig*
Sternanis und Myrrhe	*- süß, erdig, schwer*
Kampfer und Salbei	*- sehr frisch, krautig*
Styrax und Zimt	*- blumig-süß*
Benzoe Sumatra und Ingwer	*- erfrischend, hell*
Benzoe Siam und Nelke	*- schwer, süß, intensiv*
Nagarmotha und Tonka	*- süß, erdig, warm*
Zitronengras und Copal	*- zitronig-hell, anregend, leicht*
Weihrauch und Lorbeer	*- balsamisch, warm und würzig*

Bevor wir nun mit dem Selbermischen so richtig loslegen, noch ein Wort zu den fertigen Räuchermischungen, die im Handel angeboten werden. Wollen Sie Fertigmischungen benutzen, so achten Sie beim Kauf auf naturreine Inhaltsstoffe. Manche Mischungen werden künstlich parfümiert und riechen dementsprechend stark.

Je feiner die Mischung verrieben ist, desto weniger können Sie die einzelnen Inhaltsstoffe noch erkennen und desto kürzer hält sich das Aroma. Überlagertes Räucherwerk duftet kaum noch. Sägespäne oder kleine Steinchen gehören natürlich nicht in eine Räuchermischung, kommen aber gelegentlich darin vor.

Unter den Weihrauchmischungen gibt es eine ganze Palette aus bunten Kügelchen mit Namen wie „Gloria", „Pontifikal" oder auch „Atlantis" usw. Manche der Bröselchen sind mit Goldfarbe bronziert oder, das habe ich auch schon erlebt, schlichtweg farbig lackiert. Verschmurgelter Lack riecht unangenehm und ist gesundheitsschädlich.

Meiden Sie solche Produkte, wo die Körnchen „farbig kaschiert" sind. Qualitätvolles Räucherwerk hat einen solchen Mummpitz nicht nötig und es ist daher anzunehmen, daß hier muffige Billigware durch Färbung aufgewertet (oder eben kaschiert) werden soll.

Manche exotischen Räuchermischungen sind für unsere Nasen auch gewöhnungsbedürftig. Leider sagt der Duft, der beispielsweise aus der Packung einer „Tibetischen Ritualräucherung" strömt, nichts über die Duftkomponenten beim Räuchern aus, da viele Räucherstoffe beim Verglimmen ganz anders riechen als im Rohzustand. Hier gilt es, auszuprobieren oder - für mich die bessere Lösung - Selbermachen!

Räuchermischungen für besondere Zwecke

Auf den folgenden Seiten finden Sie eine Sammlung von Rezepten verschiedenster Duftrichtungen, sowie Mischungen für besondere Zwecke. Diese können Sie rituell räuchern oder, wenn Ihnen der Duft gefällt, auch einfach zur Raumaromatisierung anwenden. Beginnen wir mit einer Handvoll ganz einfacher Rezepte, nämlich meinen ...

Elemente-Räucherungen

Diese Mischungen sind den Vier Elementen und dem spirituellen Äther gewidmet. Elementeräucherungen dienen zur Anregung der jeweiligen Qualität des Elements. Feuer wärmt, gibt Energie und Kraft. Wasser zielt auf die Gefühlswelt, regt Phantasie und Kreativität an. Luft wirkt auf die Verstandeswelt, klärt und reinigt. Erde symbolisiert die materielle, dingliche Welt und stärkt den Realitätssinn und die Wahrnehmung des Lebendigen. Äther, das geheimnisvolle fünfte Element ist die spirituelle Urkraft, die alles Seiende durchwebt und verbindet.

Element Feuer

1/2 TL Yogitee (oder Zimt), 1/4 TL Kalmus, 1 TL Weihrauch
Der Yogitee hat bereits die passende Größe zum Räuchern (Zimt kleinbröckeln), den Kalmus schneiden Sie in etwa dazupassend und den Weihrauch zerstoßen sie nur ganz grob. Mischen sie die Bestandteile und räuchern Sie in kleinen Mengen. Eine süße, feine Mischung, sie kräftigt und wärmt.

Element Luft

2 Kardamom, 2 Wacholderbeeren, 1/2 TL Lavendel fest mörsern, bis ein feines Pulver entsteht. *1 TL zerriebene Benzoe Sumatra* beimischen. Messerspitzenweise räuchern. Klärt, reinigt und hellt die Stimmung auf.

Element Wasser

2 Wacholderbeeren, 1/2 TL Rosmarin gut vermörsern, *1 TL Weihrauch oder Mastix* im Mörser pulverisieren und beimischen. Zuletzt *1/2 Lorbeerblatt* in winzige Stückchen brechen und daruntermischen. Eine frische, kräuterige Mischung, bei Verwendung von Mastix leicht zitronig. Gut für Weissagungen und Klarsicht. Mischung für Hellträume.

Element Erde

1/2 TL Myrrhe, 1/4 TL Fenchel, 1/2 TL Sternanis, evtl. Benzoe Siam
Myrrhe und Fenchel fein vermörsern, evtl. ein erbsgroßes Stück von der Benzoe mit verreiben, zuletzt gebröckelten oder pulverisierten Sternanis zugeben. Eine kraftvolle und erdende Mischung, feinherber, würzig-süßer Duft.

Äther

1 TL Copal, 1/2 TL Zedernspäne, 1/2 TL Kiefernnadeln. Alles zusammen im Mörser fein reiben. Kiefernnadeln evtl. vorher kleinschneiden oder brechen. Eine wald-frische, die feinstofflichen Kanäle anregende, segensreiche Mischung.

Der süße Segen nach einem anstrengenden Tag

Kalmus
Myrrhe
Sternanis
Styrax
Propolis
Lavendel
je 1 Prise (vom Sternanis ca. 2-3 Segmente eines großen Sterns), am besten alles einzeln pulverisieren und mischen;

mit *1/4 TL Zimtpulvermix* vermengen.

Messerspitzenweise auf Räucherkohle verräuchern. Verwenden Sie diese Mischung nach einem Streßtag, denn sie erfreut und entspannt. Diese Räucherung erdet und kräftigt, sie vertreibt Ärger und Mühen des Tages mit ihrem blumig-süßen Duft.

Heben Sie nicht verbrauchte Reste fest verpackt in Folie oder einem kleinen Gläschen auf (siehe auch im Abschnitt *Aufbewahrung von Räucherwerk*).

Zimtpulvermix

= 3 Teile Zimtpulver, 1 Teil gemahlener Piment, 1 Teil gemahlene Nelken.

Stellen Sie sich den Zimtpulvermix als Basis für viele sinnlich-süße Räuchermischungen zusammen. Sie können ihn mit Harzen wie Weihrauch, Myrrhe, Benzoe oder Styrax mischen. Reiben Sie dazu die Harze im Mörser zu feinem Pulver. Mit Sandelholz, Kalmus oder Mistel verträgt sich der Zimtpulvermix ebenfalls gut. Er dient aber darüberhinaus auch als Aroma für Gewürzkuchen!

Die grünen Schwestern

3 Kardamomkapseln
3 Wacholderbeeren
2 Pimentkugeln
fest durchmörsern, bis ein feines Pulver entsteht. Entfernen Sie beim Kardamom die grünen Hülsen, denn sie duften nicht sehr intensiv, im Gegensatz zu den dunklen Samen.

1 TL Copal fein reiben und dazugeben.

1/2 TL kleingestiftelte Kiefernnadeln und
1 Msp. Aloepulver dazu,
zuletzt eine Winzigkeit *Kampfer (1/2 Msp.)*.

Alles gut vermischen, prisenweise räuchern.

Dies ist eine frische, waldige Mischung, die beim Räuchern reinigend und klärend wirkt. FreundInnen der frischgrünen Düfte werden an dieser Mischung ihre Freude haben. Der Kampfer verleiht ihr die kühle Frische eines herbstlichen Morgens im Wald. Wer mag, gibt noch eine Prise Lärchennadeln dazu, um die „saligen Fräulein" zu ehren.

Durch den hohen Harzanteil hält diese Mischung den Duft relativ gut. Heben Sie eventuelle Reste trotzdem nicht allzu lange auf und halten Sie sie gut verschlossen, damit das Aroma nicht vorzeitig „verduftet". Ich mische mir vor allem auch aus diesem Grund immer nur kleine Mengen, die in spätestens drei oder vier Wochen verbraucht sind. Als Variante können Sie diese Mischung statt mit Copalharz, auch mit selbstgesammeltem Kiefern-, Fichten oder Pinienharz herstellen.

Lichte Kraft

3 Kardamomkapseln
3 Wacholderbeeren
fest ausstampfen im Mörser. Vom Kardamom auch wieder nur die Samen nehmen.

je 1/2 TL Weihrauch, Mastix und Benzoe Sumatra
fein verreiben, dazugeben.

1/2 TL Sandelpulver und
1/4 TL Zimtpulvermix daruntermischen.

1/2 Lorbeerblatt, ein *kl. Stückchen Macis (oder 1 Msp Muskat),*
1/4 TL Kalmus und *ein Rosenblatt*
fein zerkleinern und beimischen.

Prisenweise auf Räucherkohle räuchern. Diese Mischung ist fein und süß, wirkt sehr hell und licht. Sie öffnet die feinstofflichen Kanäle und kann als Orakelmischung dienen.

Hier noch ein Tip: das Rosenblatt mit einer Spur Rosenöl aromatisieren, ansonsten dient es mehr zur optischen Verschönerung und emotional-magischen Aufwertung der Mischung, da getrocknete Rosenblütenblätter beim Räuchern nicht mehr allzu stark duften.

Weissagungsmischung

1 TL Copal
1/2 TL Benzoe Sumatra
je 1/2 TL Salbei und *Lavendel*

Die Harze fein mahlen, dann die Kräuter dazugeben und im Mörser sehr fein verreiben.

Dies ist eine stark spiritualisierende Mischung, die die feinstofflichen Antennen „ausfährt"; gut vor der I Ging- oder Tarotbefragung. Das feine Pulver messerspitzenweise räuchern!

Ahnenräucherung

Weihrauch
Mastix
Sandelholzpulver
Ingwer
Zimt
Nelke
je 1 Prise im Mörser verarbeiten, bis ein feines Pulver entsteht; dabei den Sinn der Räucherung bedenken: ein Geschenk an die Ahnen, ohne die Sie nicht existieren würden. In der Nacht zum 1. November als Ahnengedenken rituell räuchern.

Achten Sie bei einer Ahnenräucherung ganz besonders auf einen korrekten Abschluß Ihres Rituals, d.h. daß Sie selbst danach wieder fest auf dem Boden des Alltags stehen und (ganz wichtig!) daß Sie Ihre Ahnen freundlich, aber bestimmt, verabschieden, um eventuelle Anhaftungen zu vermeiden.

Segensräucherung

je 1/2 TL Weihrauch und *Mastix,*
1 TL Benzoe Sumatra
1 TL Koriander,
1/4 TL Aloepulver

alles zusammen im Mörser zu Pulver fein verreiben. Messerspitzenweise räuchern.

Diese stark harzhaltige Mischung hebt die Stimmung, harmonisiert und gleicht eine disharmonische Atmosphäre aus. Sie kann bei schwierigen Beziehungsgesprächen hilfreich sein. Aromatisieren Sie den Raum vor oder während des Gesprächs mit dieser Räucherung, um eine harmonische, freundliche Atmosphäre zu erzeugen.

Der langanhaltende angenehme Duft erfreut das Herz und hellt die Sinne auf, was sich positiv auf die Kommunikation auswirken kann und dem Gespräch die Härte nimmt.

Magische Erfolgsräucherung

je 1/4 TL Kalmus, Zedernspäne, Rotsandelholz und *Zimtpulvermix*
je 1/2 TL Weihrauch und *Mastix*
1 Msp. Benzoe Siam

Kalmus, Zeder und Rotsandelholz kleinschneiden oder in der Mühle mahlen. Mit Zimtpulvermix mischen. Die Harze im Mörser fein reiben und daruntermischen. Im Ritual messerspitzenweise als Wunschvermittler für einen bestimmten Erfolg oder als eine allgemeine Glücksaffirmation räuchern.

Rauhnachtmischung mit vielen Kräutern

Schafgarbe, Beifuß, Salbei, Lavendel,
Rosmarin, Ysop, Patschuli, Thymian,
Wacholderbeeren, Lorbeer, Mistel,
Fichtennadeln, Kiefernnadeln,
Zedernspäne, Rotsandelspäne
je 1 Prise, alles grob zerkleinern und vermischen

2 gehäufte TL Weihrauch, im Mörser leicht zerstoßen und daruntermischen, zuletzt noch *1 Msp. Aloepulver* dazu. Das mehlfeine Pulver heftet sich in dieser geringen Menge an die behaarten Blattstückchen der Kräuter, wie z.B. Salbei oder Beifuß. Gut vermischen, dadurch ist die optimale Verteilung gewährleistet.

Räuchern Sie diese Kräutermischung in den Rauhnächten zwischen Weihnachten und Heilig Dreikönig (6. Januar). Dies ist eine traditionelle Räucherzeit in Bayern und im Alpengebiet. Man sagt auch „Rauchnächte" dazu, weil in diesen Nächten geräuchert wurde.

Früher glaubte man, daß dann die Tore der Unterwelt offen stünden und daher allerlei böse Geister auf der Erde nach Einbruch der Dunkelheit ihr Unwesen treiben. Um diese fernzuhalten, räucherte man Haus, Hof und Ställe mit geweihten Kräutern und Weihrauch aus.

Dieser Brauch leuchtet jedoch ein, wenn wir bedenken, daß er kurz nach Wintersonnwend stattfindet. Der Wechsel hin zum Licht ist vollzogen, was die Kräfte der Finsternis erst noch zu einem heftigen Aufbäumen veranlassen mag, ehe sie sich dann doch geschlagen geben müssen!

Sonnwendmischung

Mistelkraut
Yogitee classic (oder Zimt, kleingebröckelt)
Johanniskraut
Haselholzspäne
je 1/2 TL in einem Schälchen miteinander mischen.

1 duftendes Rosenblatt kleinzupfen und beimischen,
1 Msp Propolis daruntermengen.

Eine lichtvolle Räucherung für die Sonnwendfeier. Die Mistel ist ein magischer Lichtträger, ebenso das Johanniskraut und das Haselholz. Im klassischen Yogitee sind wärmende Kraftspender wie Cassiazimt und Kardamom enthalten. Propolis und Rose erfreuen das Herz. Prisenweise auf der Räucherkohle verräuchern. Duftet süß und würzig.

Fürs kalte Winterherz

Guggul, Opoponax, Benzoe Siam
je 1/2 TL

1 TL Zimtblüten
3 Kardamom (ohne Hülsen)
1/2 TL Koriander
alles zusammen im Mörser zu Pulver reiben.

Messerspitzenweise räuchern. Eine süße, warme Mischung mit exotischem Flair aus 1001 Nacht. Genau das Richtige für kalte Tage im Winter, die uns vom warmen Orient träumen lassen.

Reinigungsmischung

Salbei, Rosmarin, Lavendel
je 1/2 TL im Mörser reiben.

2 Wacholderbeeren ausstampfen und dazugeben.

1/2 TL Weihrauchharz
je 1-2 erbsgroße Stücke Fichten- und Kiefernharz
reiben und unter die Kräuter mischen.

Prisenweise räuchern. Tragen Sie zur atmosphärischen Raumreinigung das Räuchergefäß im Raum herum, fächeln Sie dabei den Rauch auch in die Ecken des Zimmers, unters Sofa und unter den Tisch usw. Lüften Sie anschließend den Raum.

Um die Aura zu reinigen, stellen Sie die Räucherschale auf den Boden, zwischen Ihre Füße und lassen den Rauch an sich aufsteigen. Sie können auch jeden beliebigen Gegenstand mit dieser wirksamen Mischung energetisch reinigen. Kleine Gegenstände ziehen Sie einfach mehrmals durch den Rauch. Größere Gegenstände (Möbel, Antiquitäten) umschreiten Sie mit Ihrer Räucherschale unter beständigem Fächeln. Räuchern Sie alte Schränke auch innen aus.

Bedenken Sie bei all diesen Reinigungsritualen während des Räucherns den Zweck, den Sie erreichen wollen. Konzentrieren Sie Ihre Willenskraft darauf, daß die Gegenstände (Räume, Aura) von allen negativen Anhaftungen befreit werden mögen. Zur Verstärkung bietet es sich an, weißes, reinigendes Licht zu visualisieren. Erfüllen Sie den Raum mit der Lichtvorstellung, hüllen Sie sich oder den zu reinigenden Gegenstand in weißes Licht ein.

Blaue Brise

1 TL Weihrauch
1 TL Mastix
fein mörsern.

je 1 TL Salbei, Zedernspäne und *Lavendelkraut* dazumörsern, dann *1/4 TL Kampfer* mitreiben, bis ein feines Pulver entsteht.
Zuletzt *1/2 TL Lavendelblüten* daruntermengen.

Ergibt ein leicht klebriges Pulver, das in Alufolie eingeschlagen nach 1 bis 2 Tagen zu einer kompakten Masse wird, von der erbsgroße Stückchen abgebröckelt und verräuchert werden.

Meine Blaue Brise ist eine besonders feine Reinigungsmischung, die durch den Kampfer sehr frisch und klärend wirkt. Die Zeder dient ebenfalls der atmosphärischen Reinigung. Im Sommer ist diese Mischung auch als Mückenabwehr geeignet. Der Duft ist herbfrisch und kräuterig.

Kleiner Seelentröster

Vanilleschote (kleingehackt)
Zimt
Styrax
je 1 Msp miteinander mischen.

1/2 TL Sandelholzpulver dazugeben.

Messerspitzenweise, langsam glimmend, verräuchern lassen. Duftet süß und lieblich, streichelt Herz und Seele und bannt negative Energien.

Der Segen der Göttin

1 TL Zimtblüte zu Pulver mahlen (in Mörser oder Mühle)
1 haselnußgroße Portion Galbanum einkneten, bis eine bröselige Masse entsteht.

je 1 Msp Styrax, Opoponax (fein gerieben) und *Galgantpulver* daruntermischen.

2 Kardamomfrüchte (ohne Hülsen) fein reiben, dazugeben.
1/2 TL Narde kleinschneiden und daruntermischen.

Eine wunderbare, geheimnisvoll duftende Note, grün-würzig mit einem süßen Ton. Ein langanhaltender Duft, der beruhigt, erdet und schützt. Messerspitzenweise verräuchern. Auch als kostbarer Ritualduft für die Große Göttin geeignet. Wenn Sie etwas mehr von dem weichen Galbanum verwenden, können Sie auch kleine Räucher-Perlen formen.

Good bye India!

1/2 Tonkabohne
1 kl. Stück Nagarmothawurzel (ca. 2 cm)
auf der Muskatreibe fein reiben.
je 1 Msp Propolis und *Sandelholzpulver*
daruntermischen.

Messerspitzenweise räuchern. Eine fein-süße, warme und kräftigende exotische Duftnote, die Erinnerungen an Indiens Düfte wachruft.

Nachtblumen

je 1/2 TL Abelmoschuskörner und *Koriander* sowie
2 Gewürznelken
im Mörser zu Pulver reiben.

1 TL Patchoulikraut
1 TL Benzoe Sumatra und
1/2 TL Styrax
dazugeben und kräftig im Mörser verarbeiten.

2-3 Rosenblätter kleinzupfen und locker daruntermischen.

Die Mischung in Alufolie einschlagen und leicht zusammenpressen. Noch zwei bis drei Tage reifen lassen, bevor Sie die Mischung räuchern. Dadurch verbinden sich die Duftstoffe und es entsteht eine leicht feuchte, bröselige Mischung, die möglichst langsam und sanft verglimmen sollte. Geben Sie daher eine besonders dicke Schicht Asche oder Sand auf die Glut, so daß gerade noch soviel Hitze durchkommt, daß die Mischung sanft verglimmt.

Diese Technik sollten Sie bei allen Mischungen mit Moschuskörnern und anderen empfindlichen Pflanzenteilen anwenden, da diese bei zu großer Hitze schnell brenzlig riechen. Die Moschuskörner geben blumigen Mischungen ein sinnliches Aroma, das aphrodisisch wirken soll. Wer das Honigsüße liebt, kann noch *eine Msp Propolis* dazugeben.

Der Duft dieser Räucherung ist sinnlich, blumig und moschusartig, er hüllt ein und entspannt. Ein exotischer Blumengarten in einer Sommernacht!

Luxus pur

1 Prise Kalmus
Sternanis (2-3 Segmente eines großen Sterns)
1/2 Tonkabohne
am besten alles zusammen in der Mühle pulverisieren.

1 Msp Muskat, gerieben
je 1/2 TL Guggul und *Opoponax*
1 Msp Benzoe Siam
fein im Mörser zerstoßen und zum Pulver geben.

1/2 TL Sandelholz, kleingeschnitten oder als Pulver
1/2 TL Narde, kleingeschnitten

Alles zusammen gut durchmischen. Prisenweise räuchern. Ein wunderbarer, luxuriöser, würzig-warmer Duft mit kostbaren Zutaten, der jedes Wohnzimmer in den Palast der Maharani von Eschnapur zu verwandeln vermag! Diese Mischung erdet und wärmt, sie regt durch Guggul und Kalmus die Feuerkraft in uns an und wirkt ausgleichend bei Schwäche und Mutlosigkeit.

Festes Räucherwerk

Festes oder kompaktes Räucherwerk ist eine Spezialität von mir, die ich dann anwende, wenn ich zum Beispiel nur ein klein wenig räuchern will. Dann lege ich auf ein Viertel der glühenden Kohle eine Räucherperle oder ein Hütchen Räucherwerk auf und überlasse das Ganze sich selbst. Das feste Räucherwerk glimmt langsam durch und beduftet den Raum. Manchmal lege ich dann noch eine zweite Perle auf, oftmals genügt aber eine Portion bereits, damit der Raum mit Duft erfüllt ist.

Das feste Räucherwerk hält das Aroma länger, als die losen Pulvermischungen, denn die Kräuter und Gewürze werden durch ein Bindemittel wie Honig oder Gummi arabicum zusammengehalten. Das Bindemittel verhindert das vorzeitige Ausduften des Aromas. Festes Räucherwerk eignet sich auch gut als Geschenk.

Formen Sie die Perlen oder Hütchen nicht größer als einen Haselnußkern. Je kleiner, desto besser. Lassen Sie das Räucherwerk vor dem Verräuchern etwa zwei bis drei Tage durchtrocknen und heben Sie es trocken und verschlossen auf.

Honigperlen

je 1/4 TL Weihrauch und *Myrrhe,* zu Pulver verrieben
1/2 TL Propolis
1 TL Zimtpulvermix
1 Msp Styrax (evtl.)

Alles in einer Tasse mischen und knapp 1/2 TL Honig geduldig(!) einkneten. Etwa erbsgroße Perlen formen und trocknen lassen. Einzeln verräuchern. Honigsüße Versuchung!

Zitronenperlen

je 1/2 TL Mastix und *Benzoe Sumatra,* zu Pulver verrieben
1 TL Zitronengras, pulverisiert
1 Msp Aloe (evtl.)

Knapp 1/2 TL Honig einkneten. Erbsgroße Perlen formen und trocknen lassen. Einzeln verräuchern. Frischer, zitronig-heller Duft.

Sandelholzperlen

je 1/4 TL Weihrauch, Benzoe Siam und *Myrrhe,* im Mörser zu Pulver verrieben
1 TL Sandelholzpulver

Alles in einer Tasse oder im Mörser mischen und knapp 1/2 TL Honig gut einkneten. Erbsgroße Perlen formen und trocknen lassen. Einzeln auf Kohle verräuchern. Feiner, edler Sandelduft.

Würzige rote Räucherhütchen

2 Sternanis, je 1 TL Rotsandelholz und *Zedernholz* fein vermahlen
1 TL Patchouli und *1/2 TL Lavendel* dazumischen,
1 TL Copal im Mörser fein reiben, dazugeben.

Knapp *1/2 TL Gummi arabicum* mit 1/4 Tasse lauwarmem Wasser verühren, bis eine sirupartige, klümpchenfreie Flüssigkeit entsteht. Davon nach und nach teelöffelweise zu der Mischung geben. Zu einer,festen Paste kneten (nicht zu feucht werden lassen!). Kleine Kegel oder Pyramiden formen, mehrere Tage trocknen lassen. Einzeln auf Kohle verräuchern.

Zitronenhütchen

je 1 TL Kalmus, Zitronengras und *Zedernholz* fein vermahlen
je 1/2 TL Ingwer- und *Galgantpulver* dazumischen,
1 TL Copal oder *Mastix* im Mörser fein reiben und dazugeben.

Mit *Gummi arabicum* verkneten wie im vorigen Rezept beschrieben. Kleine Kegel oder Pyramiden formen, mehrere Tage trocknen lassen. Einzeln auf Kohle verräuchern. Ein herbfrischer, zitroniger Duft.

Orientalische Räucherkegel

je 1 TL Koriander und *Zedernholz* fein pulverisieren
6 Kardamom (ohne Hülsen) fein reiben und dazumischen,
1/2 TL Zimtpulvermix (Variante: Sandelholzpulver)
1/2 Tonkabohne, gerieben
1 TL Guggul, 1/2 TL Benzoe Siam im Mörser fein reiben und dazugeben.

Wieder mit *Gummi arabicum* verkneten wie beschrieben. Kleine Kegel formen, mehrere Tage trocknen lassen. Einzeln auf Kohle verräuchern. Ein warmer, harmonisierender Duft.

Das Gummi arabicum (*Acacia arabica*) bekommen Sie z.B. in Apotheken. Das weiße Pulver dient auch als Bindemittel für Speisen. Es handelt sich dabei um einen getrockneten Pflanzenschleim, der durch Einritzen der Rinde einer Akazienart gewonnen wird. Er war schon in der Antike bekannt und wurde unter anderem auch als Räucherstoff und Klebemittel für Räucherwerk verwendet.

Aufbewahrung von Räucherwerk

Bewahren Sie Ihre Kräuter und Gewürze stets fest verschlossen auf. Wenn Sie beim Kauf keinen entsprechenden luftdichten Behälter miterwerben konnten, so füllen Sie die Rohstoffe zuhause in kleine Blechdosen oder Schraubgläschen um und lagern Sie sie lichtgeschützt. So halten sich Kräuter und Gewürze am besten.

Heben Sie duftende Kräuter jedoch nicht länger als ein bis maximal zwei Jahre auf (holzartige Gewürze halten länger als Kräuter). Der Gehalt an ätherischen Ölen, und damit die Duftqualität, läßt dann deutlich nach.

Stark zerkleinerte Kräuter und Gewürzpulver halten das Aroma nicht so lange, wie ganze Stücke. Kaufen Sie deshalb lieber ganze Teile, z.B. ganze Nelken statt Pulver, und pulverisieren Sie sie nach Bedarf selbst. Wenn Sie die Kräuter selbst trocknen, dann lassen Sie die Pflanzenteile und Blättchen so groß wie möglich, denn jedes Zerbröseln setzt vorzeitig Aroma frei und läßt die Kräuter ausduften.

Die meisten Harze können Sie mehrere Jahre ohne Schaden aufheben. Halten Sie sie ebenfalls verschlossen und bewahren Sie Ihre Rohstoffe nicht neben Wärmequellen oder an feuchten Plätzen auf. Auch hier gilt: je größer die Stücke, desto besser hält sich das Aroma. Mehlfeines Harzpulver läßt mit der Zeit im Duft nach und könnte unter Umständen sogar mit Zusätzen gestreckt sein. Ich ziehe deshalb die grobstückige Ware vor.

Ihre fertigen Räuchermischungen sollten Sie nicht allzu lange aufbewahren, vor allem wenn sie sehr fein vermörserte Kräuter enthalten. Diese verlieren Ihr Aroma schnell, meist innerhalb weniger Wochen. Deshalb sind meine Rezepte auf Kleinmengen abgestimmt, die innerhalb dieses Zeitraumes leicht aufgebraucht sind, auch wenn Sie nur ab und zu räuchern.

Halten Sie Reste von Räuchermischungen immer gut verschlossen, z.B. in einem kleinen Schraubgläschen oder in Aluminiumfolie. Ich falte mir für meine Miniportionen aus bunter oder goldfarbener Weihnachtsbastelfolie kleine Briefchen. Untenstehendes Muster regte eine Workshopteilnehmerin an. Schneiden Sie dazu das Folienpapier in ca. 12 x 12 cm große Quadrate. Falten Sie erst diagonal eine Spitze zur gegenüberliegenden, mit knapp 1/2 cm Versatz. Falten Sie dann die Spitzen links und rechts zur Mitte, so daß sie leicht überlappen und stecken Sie eine Spitze in die andere. Zuletzt klappen Sie das Kuvert von oben her zu. Diese Briefchen halten eine ganze Weile, Sie können sie daher mehrmals (für dieselbe Duftrichtung) verwenden.

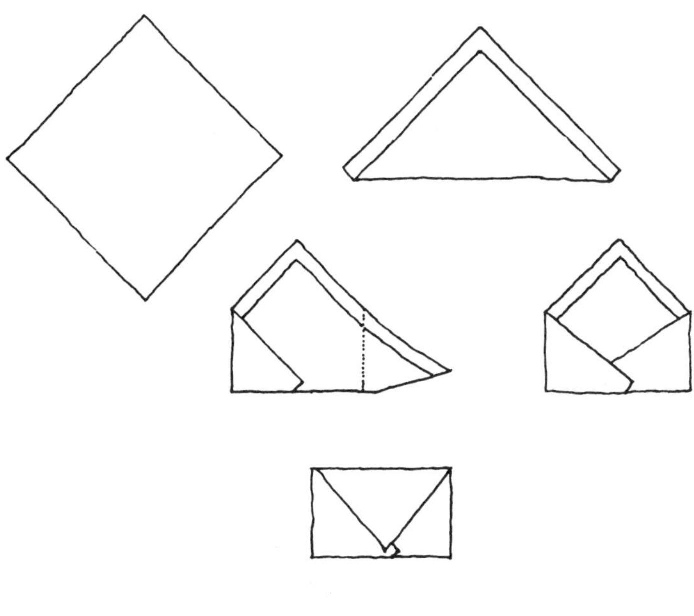

Zum Abschluß noch ein Wort zu den im Handel erhältlichen **Räucherstäbchen**. In vielen Geschäften, ja sogar im Supermarkt können Sie heute Räucherstäbchen kaufen. Die meisten stammen aus Indien oder Ostasien. Neben den vielen verschiedenen Duftsorten gibt es auch erhebliche Qualitätsunterschiede.

Viele Stäbchen sind parfümiert und duften dementsprechend intensiv bis penetrant. Künstliche Düfte gehören natürlich nicht in naturreine Produkte. Es gibt Stäbchen, wo die Räucherpaste auf ein dünnes Bambus-Hölzchen aufgetragen ist, dessen Geruch zartduftende Räucherstoffe beeinträchtigen kann. Besser sind jene Räucherstäbchen, die kein Trägerholz besitzen. Sie entwickeln in der Regel auch weniger Rauch, aber umso mehr reines Aroma. Solche Stäbchen kommen oft aus China oder Japan, wo auch heute noch eine hochstehende Räuchertradition besteht.

In China wurde früher Räucherwerk in symbolhaften Formen hergestellt, um diese rituell zu opfern, und Räucherstäbchen gehören auch zur Ausrüstung traditioneller Ärzte. Selbst in der Volksrepublik wird heute wieder kräftig für die alten Gottheiten geräuchert. In Japan gehört Räucherwerk zum Alltag. Es wird nicht nur zur Andacht und Meditation geräuchert, sondern auch zur Raumbeduftung. Japan liefert feinste, streichholzdünne Räucherstäbchen von hervorragender Qualität. Manche davon zeichnen sich dadurch aus, daß sie fast gar keinen Rauch entwickeln, sondern nur fein duftend verglimmen. Auch die dicken tibetischen Räucherstäbchen besitzen kein Trägerholz und sind aus naturreinen Rohstoffen hergestellt. Die Tibeter nutzen bestimmte Räucherstoffe ebenfalls zur Heilung. Einzelne Bestandteile, wie Federn oder Edelsteinmehl haben in tibetischen Stäbchen durchaus auch magischen Charakter.

Bücher von Karin Brandl

Tarot
Das eigene innere Wissen wahrnehmen

Begleitlektüre für alle Tarotdecks mit zahlreichen Illustrationen

ISBN 3-932669-00-2

Dieses Buch ist für alle Menschen geschrieben, die einen eigenständigen und kreativen Umgang mit dem Tarot suchen und die lernen wollen, ihr inneres Wissen wahrzunehmen und der eigenen Wahrheit und Einschätzung zu vertrauen. Es enthält die Grundbedeutungen der 78 Tarotkarten, eine Einführung in die Technik des Kartenlegens, verschiedene Legemuster und vielfältige Anregungen zur Anwendung der Tarotdeutungen im Alltag. Das Buch ist mit Pinselzeichnungen illustriert. Es bezieht sich nicht auf ein bestimmtes Tarot, sondern ist ein Begleitbuch für alle Decks.

Durch Auraschutz die innere Kraft bewahren

Wirksame Methoden zum Schutz vor energetischen Einflüssen

ISBN 3-932669-01-0

Das Buch erläutert das körpereigene Energiefeld und seine Funktionen und führt in die Aurawahrnehmung ein. Die verschiedenen störenden Einflüsse auf die Aura und ihre für uns oft unbewußten Auswirkungen werden aufgezeigt. Es beinhaltet ein schrittweises Lernprogramm zum gezielten Aufbau eines eigenen geistigen Schutzmantels, Meditations- und Visualisierungsübungen, Energiearbeit, Informationen über hilfreiche Blütenessenzen, Kristalle und Kräuter, Reinigung von Aura und Räumen, sowie viele Tips und Hilfsmittel für den Alltag. Mit erläuternden Abbildungen.

ALCHIMA

Quellen und Literaturhinweise

Bach, Dr. Edward: Heile dich selbst mit den Bachblüten, Knaur
Blome, Dr. med. Götz: Das neue Bach-Blüten-Buch, Herm. Bauer 1992
Bourne, Lois: Autobiographie einer Hexe, Knaur 1987
Brandl, Karin: Magie - Die Kreativität des inneren Kindes, Knaur 1996
Brandl, Karin: Ich kann doch ohne dich nicht leben! Herm. Bauer 1997
Brandl, Karin: Tarot - Das eigene innere Wissen wahrnehmen, Alchima 1997
Brandl, Karin: Durch Auraschutz die innere Kraft bewahren; Alchima 1997
Brennan, Barbara Ann: Licht-Arbeit, Goldmann 1987
Causemann, Margret (Hrsg.): Märchen tibetischer Nomadenfrauen; Eugen Diederichs 1994
Deaver, Korra: Magische Kräfte und Spiritualität, Knaur 1991
Denning, Melitta / Osborne Phillips: Psychischer Selbstschutz, Esotera Taschenbuch 1996
Fischer-Rizzi, Susanne: Botschaft an den Himmel - Anwendung, Wirkung und Geschichten von duftendem Räucherwerk; Hugendubel 1996
Fortune, Dion: Selbstverteidigung mit PSI, Ansata 1995
Hamann, Brigitte: Die zwölf Archetypen, Knaur 1991
Harner, Michael: Der Weg des Schamanen, Rowohlt 1986
Helm, Beate: Die Heilkräfte der Kalifornischen Blütenessenzen, Goldmann 1995
Hope, Murry: Geistige Selbstverteidigung, Sphinx 1987
Kalweit, Holger: Die Welt der Schamanen, Fischer 1984
Kraus, Michael: Ätherische Öle für Körper, Geist und Seele; Orbis 1993
Kremer, Bruno P.: Welche Heilpflanze ist das? Kosmos-Naturführer 1987
Meiser, Christian (Hrsg.): Trance - Andere Bewußtseinszustände und die Arbeit mit ihnen, Fischer 1996
Mylius, Klaus (Hrsg.): Die Bhagavadgita; Dt. Taschenbuch Verlag 1997
Polunin, Miriam u. Robbins, Chr.: Heilkräfte der Natur; Unipart 1997
Rätsch, Christian: Räucherstoffe - Der Atem des Drachen; AT Aarau 1996
River, Lindsay/Gillespie, Sally: Zeitknoten - Astrologie und weibliches Wissen, Goldmann 1991
Roney-Dougal, Serena: Wissenschaft und Magie, Zweitausendeins 1993
Schilcher, Heinz: Kleines Heilkräuterlexikon; Hädecke 1994
Tisserand, Robert, B.: Aromatherapie; Herm. Bauer 1979
Wall, Steve: Töchter der Weisheit - Gespräche mit indianischen Frauen; Eugen Diederichs 1995
Wollner, Fred: Räucherwerk und Ritual, Buchverlag Fred Wollner 1995